정주영처럼
생각하고

정주영처럼
행동하라

정주영처럼 생각하고 정주영처럼 행동하라

발행일	2015년 11월 11일

지은이	홍 하 상		
펴낸이	손 형 국		
펴낸곳	(주)북랩		
기 획	(주)솔트앤파트너즈 박천택, 한준석		
편집인	선일영	편집	서대종, 이소현, 김아름, 권유선, 김성신
디자인	이현수, 신혜림, 윤미리내, 임혜수	제작	박기성, 황동현, 구성우
마케팅	김회란, 박진관		
출판등록	2004. 12. 1(제2012-000051호)		
주소	서울시 금천구 가산디지털 1로 168, 우림라이온스밸리 B동 B113, 114호		
홈페이지	www.book.co.kr		
전화번호	(02)2026-5777	팩스	(02)2026-5747

ISBN	979-11-5585-785-4 03320(종이책)	979-11-5585-786-1 05320(전자책)

이 도서의 국립중앙도서관 출판예정도서목록(CIP)은 서지정보유통지원시스템 홈페이지(http://seoji.nl.go.kr)와
국가자료공동목록시스템(http://www.nl.go.kr/kolisnet)에서 이용하실 수 있습니다.
(CIP제어번호 : CIP2015029468)

이 책은 저자의 단행본 〈정주영 경영정신〉의 개정판입니다.

정주영처럼
생각하고

이 시대를 살아가는 대한민국 청년들의 필독서

정주영처럼
행동하라

홍하상 지음

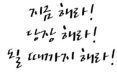

지금 해라!
당장 해라!
될 때까지 해라!

북랩 book Lab

또 한 번의 '캔두이즘'을 꿈꾸며

일본식 경영의 신인 파나소닉 그룹의 창업주 마쓰시다 고노스케는 80년대 세계 최대의 가전회사를 일구었다. 도요타 사키치는 자동차 산업의 불모지 일본에 도요타 자동차를 설립, 세계적인 자동차 그룹을 만들었다. 오쿠라 기하치로는 초등학교 졸업의 학력으로 일본 최대의 다이세이건설을 창업했다.

정주영은 초등학교졸업의 학력으로 현대기아차, 현대건설, 세계 2위의 반도체 회사를 비롯, 세계 1위의 조선소를 창업했고, 88올림픽 유치, 남북교류, 서산만 개간 등 일본의 모든 경영의 신들을 합친 것보다 더 많은 일을 해냈다.

농사꾼의 아들이자 소학교밖에 나오지 못한 정주영이 한국 경제계에 그 모습을 본격적으로 보이기 시작한 것은 1966년 월남전 이후부터이다. 그는 베트남과 사우디아라비아에서 번 돈을 가지고 현대그룹을 본격적으로 일으켰다. 손톱깎이 하나 제대로 만들지 못하는 나라에서 그는 자동차 산업을 일으켜 세계 5위의 자동차 기업을 만들었고, 낙동강에 있는 다리 하나를 제대로 만들지 못했던 기업이 그로부터 20년 후 역사상 최고난이도이자, 최대 규모의 토목공사라는 사우디의 주베일 항만공사를 단시간 내에 완공시켜 세계인들을 놀라게 했다.

울산의 황량한 바닷가 인근 벌판에 세운 현대중공업은 그 현대중공업에 기술을 가르쳐주었던 일본의 미쓰비시조선을 물리치고 현재 세계 1위의 조선 회사가 되었다. 현대종합상사는 국내 최강의 종합상사로 '메이드인코리아' 제품 수출에 앞장서서, 흔히 '버터에서부터 미사일까지'라는 수식어에 걸맞게 만들 수 있는 모든 것을 내다 팔았다.

경부고속도로를 놓았고, 한강 다리의 거의 대부분을 놓았으며, 서산 천수만 간척으로 3,123만 평의 국토를 넓혔으며, 말년에는 1천 1마리의 소를 끌고 판문점을 넘어 이북으로 향했다.

정주영을 칭찬하고자 하는 얘기가 아니다. 요즘 한국은 과거보다 일에 대한 바이탈리티를 많이 상실했다. 중국은 치고 올라오며, 일본은 최첨단 기술로 무장하여 기술 이전을 극력 회피하고 있고, 세계에서 가장 빚이 많은 미국은 기회만 되면 금융게임으로 한국을 잡으려고 한다. 유럽은 각종 제도를 강화하여 한국산 제품의 유럽시장 장악에 제동을 걸고 있다.

풍부한 자원도, 너른 국토도 가지지 못한 우리에게 남은 기대라고는 오직 사람 하나뿐이다. 그 사람의 '할 수 있다'는 신념 하나뿐이다. 그런 면에서 정주영의 일생은 우리에게 어떠한 정신문화유

산보다 값지다. 스스로 '나는 부유한 노동자'라고 했듯, 사업의 성공으로 인해 부를 획득한 것도 사실이나, 그 부의 축적으로 인해서 자신의 애초 노동자로서의 정체성이 사라진 것은 아니라고 강조했다. 그가 보여준 용기와 '할 수 있다'는 정신은 21세기 한국인이 다시 한 번 되새겨보아야 할 재산이다.

독자 여러분들과 함께 그의 '캔두이즘(Candoism)'을 다시 한 번 되짚고 싶다. 전 세계 어떤 경영인보다 위대한 한국형 경영의 신, 정주영처럼 생각하고 정주영처럼 행동하라.

2015년 화창한 가을날

홍하상

* 책의 가장 뒷페이지를 보시면 저자 직강 무료강의 초대권이 있으니 꼭 확인하세요.

차례

정주영 경영정신 1

"나는 절대 머무르지 않는다"

용감하게 도전해라
그것도 무모할 정도로

실패가 두려워 머뭇거리는 이에게

용감해야 한다.
무모해서 아름다울 정도로 용감해야 한다.
인생에 모험이 없다면 큰 발전도 없는 법이다.
세상에 공짜가 없듯이 자신의 발전을 위해서는
시련과 고생이라는 대가를 치르는 것은 당연한 것이란다.

설국,
강원도 통천

몇 년 전 나는 금강산에 갔었다.

멀리 금강산 비로봉은 하얀 눈에 덮여 있었고, 12월하고도 하순이었다. 코끝이 매울 정도로 겨울바람이 부는데, 1만2천 개의 봉우리가 있다는 금강산은 눈이 덮여 장관이었다. 저 금강산 너머 끝자락에 정주영의 고향인 강원도 통천군 송전면 아산리가 있다.

당시 정주영에 관한 책을 쓰기 전에 나는 제일 먼저 금강산에 와보고 싶었다. 금강산은 우리나라의 명산이기도 하지만, 정주영에게는 대북사업을 시작한 첫 사업지이고, 여기서 그는 남북에 관한 모든 문제의 실타래를 풀어나가려고 했다. 정주영은 처음 금강산을 방문했을 때, 자신의 고향이 저 산 너머에 있음을 안타까워했다. 이제 나는 금강산에서부터 정주영에 관한 이야기를 시작하려고 한다.

정주영이 태어난 강원도 통천군은 남한의 강원도 고성군과 맞닿아 있다. 고성군의 통일전망대를 지나 동해안을 따라 올라가면 휴전선이 나오고, 휴전선을 지나자마자 통천군 임남면 운암리가 나온다. 임남면을 지나면 벽암면이고, 벽암면을 지나면 바로 통천면이다. 통천면에서 차로 10분 정도 더 올라가면 송전면이 나오는데 이곳은 통천군의 중부에 위치한 면으로 면 소재지는 송전리이다.

　태백산맥이 서부로 뻗어내려 서쪽은 험한 산지로 이루어져 있으며 동쪽으로 점차 경사가 완만해진다. 한교천이 동쪽으로 흐르다가 동해로 유입되며, 하천 연안에는 평야가 발달하여 벼농사의 중심지를 이룬다. 해안지대는 사빈해안을 이루며 석호인 강동호가 있다. 주요 농산물로는 쌀, 콩, 보리, 조, 감자 등이 나온다. 연근해에는 좋은 어장이 형성되어 있어 명태, 정어리, 청어, 고등어 등의 어족이 풍부하다.

　정주영은 바로 이곳 송전면 아산리 출신이다. 송전면은 바다에 면해 있어 예부터 자연경관이 아름다웠다. 송전면 아산리 앞바다에는 삼도라는 작은 섬이 있어서 여름철 해수욕장으로도 유명했다. 정주영이 태어난 아산리는 내륙 쪽이다. 바다에 면해 있는 송전리에서 내륙으로 약 8킬로미터 정도 들어가야 한다. 아산리 뒤에는 해발 353미터의 서왕대산이 있다. 겨울이면 따뜻하고 습기를 머금은 바닷바람이 내륙 쪽으로 불면서 찬 공기를 만나면 이내 눈으로 변한다. 아산리에 눈이 많이 내리는 까닭은 아산리로부터 산지가 펼쳐지기 때문이다. 아산리 너머의 대륙 쪽에는 해발 1,268미터의 황룡산과 1,091미터의 망마암산과 우동산이 있으며, 그 남쪽으로 해발 1,225미터의 고윤산과 금수봉이 늘어서 있다.

그의 고향 아산리는 높은 산이 많다 보니 예부터 눈이 많이 오는 고장이다. 한겨울이면 5~6미터 정도의 눈이 내린다. 겨우내 집의 지붕에까지 눈이 쌓이면 부지런히 그것을 쓸어내어 길을 만들고 다닐 정도였다.

아산리는 50호 남짓한 작은 마을이었다. 바로 그곳 아산리 210번지에서 정주영은 아버지 정봉식, 어머니 한성실 사이에서 장남으로 태어났다. 그가 태어난 때가 1915년 11월 25일, 일제가 한반도를 강탈한 지 5년이 지났을 무렵이다.

당시 조선의 사정은 어려웠다. 일제가 이른바 무단정치를 하던 때였으므로 강압과 폭력으로 조선의 지배를 시작했던 것이다. 이에 저항해서 윤상태, 서상일 등을 중심으로 한 30여 명이 경북 달성에서 '조선국권회복단'이라는 비밀결사조직을 만들었고, 또 한편에서는 '조선산직장려계朝鮮産織奬勵稧'라는 비밀결사조직이 만들어지고 있었다. 또한 해외에서는 박은식, 신규식, 이상설 등이 주동이 되어 상하이의 영국인들이 모여 사는 영국 조계租界 안에 조선 독립을 위한 '신한혁명당'을 조직하고 있었다. 그 해 7월에는 평안도에서 의병을 일으켰던 채응언이 체포되어 4개월 뒤 사형을 당했다. 일본의 도쿄에서는 춘원 이광수, 해공 신익회, 설산 장덕수 등이 조선의 독립을 위한 '조선학회'를 설립하기도 하였다. 또 함경남도 단천에서도 강명환, 김성익, 박승혁 등이 주동이 되어 비밀 결사조직인 '자립단'이 만들어졌다.

이처럼 일제의 강압정치에 저항하는 국내외의 비밀결사조직들이 만들어지던 시기이다. 또한 1915년에는 일제 상품이 조선 땅에 본격적으로 유입되기 시작했다. 일제 고무신이 시장에 처음으로 선을 보인 것이다. 또한 경복궁에서는 총독부 주관으로 조선물산공진회가 열려 일종의 물품박람회를 열기도 하였다. 어려운 시대였다.

정주영의 아버지 정봉식은 약 4,000평의 논과 밭을 소유한 중농이었다. 비록 중농이라고는 해도 그 무렵 우리나라 농촌의 사정이 그러하듯이 하루에 세 끼 밥을 먹기 힘들었다. 세 끼 밥은커녕 아침은 보리밥을 먹었지만 점심은 건너뛰었고 저녁은 보리죽으로 배를 채운 채 잠이 들어야만 하는 가난한 생활의 연속이었다. 일제가 한반도를 점령하고 나서 그나마 농사를 지을 땅이 없거나 하루 두 끼의 죽도 먹을 수 없었던 사람들은 봄이 되면 풀뿌리와 소나무뿌리를 캐다가 죽을 쑤어 먹었다. 결국 그것도 먹을 수 없는 형편에 이르면 만주나 북간도로 남부여대男負女戴하고 떠나야만 했다.

정주영의 아버지 정봉식은 농사꾼이었으나 그의 조부는 서당의 선생님이었다. 통천은 비록 한미한 시골이지만 유학의 기풍이 남아 있었다. 통천향교가 그것이다. 통천향교는 그의 고향 아산리 근처에 있는 쌍학산 남쪽 기슭에 있었다.

거기에는 조선 초기 유학자들의 위패를 봉헌·배향하고 있는데, 통천군민의 교육과 교화를 위하여 1400년대에 창건되었다. 향교 안에는 대성전, 명륜당, 동무, 서무, 동재, 서재 등이 있다. 대성전은 오성五聖, 십철十哲, 송나라의 육현六賢 및 조선의 십팔현十八賢과 중국의 구십사현九十四賢의 위패를 봉안한 제법 큰 규모였다. 조선시대까지는 국가로부터 토지와 노비 등을 지급받아 서당 선생이 학생을 가르쳤으나, 1894년 갑오경장 이후 신학문 실시에 따라 교육적 기능이 폐지되어 각 동리별 서당에서 학생들을 가르쳤다.

정주영이 태어났을 무렵인 1915년경, 조부는 서당을 열어 동네 아이들을 가르쳤다. 글을 가르친다고 해서 살림에 도움이 된 것은 아니다. 그저 소일거리로 아이들을 가르쳤을 뿐이다. 집안의 살림살이는 모두 아버지 정봉식과 어머니 한성실의 몫이었다.

정주영이 태어난 후 네 명의 남동생과 두 명의 여동생이 뒤이어 태어났다. 오늘날의 한라그룹 명예회장을 역임한 고故 정인영, 성우그룹의 고故 정순영 회장, 현대산업개발의 회장을 역임하다 작고한 정세영, KCC금강고려화학의 정상영 회장과 동아일보 기자를 지내다 타계한 정신영 등이 그들이다.[1]

다섯 살 되던 무렵부터 여덟 살까지, 정주영은 할아버지의 서당에 가서 『천자문』, 『동몽선습』, 『명심보감』, 『소학』, 『대학』, 『맹자』, 『십팔사략』 등을 배웠다. 훗날 정주영이 한문을 익히 알고 쓰거나 현대의 계동 사옥 복도에 한문으로 된 경구를 써서 넣을 수 있었던 것도 어린 시절 한학을 배웠기 때문이다. 서당을 마친 정주영은 열 살 되던 해에 송전소학교에 입학했다. 남보다 뒤늦게 정식근대

---

1) **정인영(1920~2006)** | 1940년 일본 미사키 영어학교 졸업 후, 아오야마 학원 대학교 영어과 중퇴, 동아일보, 대한일보 기자 역임 후 현대건설 부사장, 현대건설 사장, 한라그룹 회장을 지냈다.
   정순영(1922~2005) | 조선제련, 보광광업 근무, 1950년 현대건설 이사로 발령, 이후 현대건설 전무 및 현대시멘트 사장을 지냈고, 1983년 현대시멘트, 현대종합금속 회장 취임. 1990년 성우그룹 회장 취임.
   정세영(1928~2005) | 보성고를 거쳐 고려대 정외과 졸업. 미국 마이애미 플로리다 대학원 정치외교학 석사. 1957년 현대그룹에 입사하여 현대건설 상무, 현대자동차 사장 및 회장 역임. 현대산업개발 명예회장직.
   정상영(1936~) | 동국대 경영학과, 고려대 경영대학원 수료. 현대자동차 부사장 및 고려화학 사장을 지냈고, 1985년 금강그룹 회장으로 취임. 현 KCC 건설 명예회장.

교육을 받을 수 있는 학교에 들어간 것이다. 그는 송전소학교에서 6년간 공부를 하고, 1930년 그의 나이 16세 때 송전소학교를 졸업했다. 당시의 졸업 성적은 전교 2등이었다. 이것이 정주영의 최종 학력이 된다.

송전소학교 졸업식 기념 사진

훗날 정주영은 자신의 학력이 초등학교 졸업밖에 안 되는 것에 대해 여러 번 이야기한다. 그러나 정주영의 학력이 비록 초등학교 졸업이라 하더라도 그가 조부로부터 『천자문』과 『동몽선습』을 지나 『십팔사략』까지 배웠다는 것은 요즘으로 치면 거의 대학원 졸업생들도 못 따라갈 만큼의 학문적 소양을 이미 갖추었음을 말한다. 따라서 정주영의 최종학력이 초등학교이고 그것 때문에 정주영을 다소 무지한 경영자로 평가하는 것은 옳지 않다.

어린 시절의 정주영(초등학교 동급생보다 세 살이 많아 키가 훨씬 크다)

나의 미래는
농사뿐인가

　어린 시절 정주영은 새벽 다섯 시면 일어나 아버지의 손에 이끌려 농사를 지으러 나갔다. 장남인 정주영에게 농사일을 가르치려 했기 때문이다.

　'농자천하지대본'이란 말은 정주영의 아버지 정봉식 세대에나 그대로 통용되는 말이다. 정주영의 어린 시절은 한국의 산업이라곤 거의 전무하던 시절이었으므로 농사가 유일한 생계수단이었다.

　어린 정주영은 아버지의 손이 이끌려 논으로 밭으로 일을 하러 다녔다. 그에게 잠시 쉴 틈이 있었다면 그것은 소가 풀을 뜯고 있던 그 시간이다. 이따금 정주영은 바쁘지 않은 틈을 타 집안에서 기르던 소를 끌고 논두렁이나 저수지의 둑방 위로 소에게 풀을 먹이러 끌고 나갔다. 그리고는 저수지 둑 위에 벌렁 누워 푸른 하늘을 쳐다보았다. 하늘의 구름은 유유히 흘러가는데 죽도록 일해 봤자 하루 세 끼 밥을 먹을 수 없는 현실이 너무 싫었다. 아버지와 함께 죽을 고생을 하면서 농사를 지어 봤자 하루에 밥 세 끼조차 먹을 수 없었기 때문이다.

정주영은 평생 동안 깻잎을 먹지 않았다. 전 현대건설 이 모 사장의 증언이다.

이 모 사장은 정주영 회장과 함께 계동 사옥 근처에 있는 허름한 횟집에 자주 갔다. 그 집의 총각김치가 맛있었기 때문이다. 결국 생선회를 즐기러 갔다기보다 총각김치를 먹기 위해 간 것이다. 그 집의 총각김치는 무청이 달린 그대로 식탁에 올라온다. 정주영은 그 총각김치를 손으로 집어 젓가락에 둘둘 말아 먹었다. 이지송 사장은 정주영 회장이 자기 손가락에 김칫국물 묻혀가면서 무청을 먹는 모습이 보기 민망하여 음식점 여종업원에게 그것을 먹기 좋게 가위로 잘라달라고 했다. 정주영은 그때 버럭 화를 냈다.

"이런 병신 같이!"

정주영은 살아생전 부하직원을 야단칠 때 "이런 병신 같이!"가 전부였다. 그것이 정주영의 입에서 나온 말 중에서는 가장 심한 욕이었다. 이날 정주영이 화를 낸 이유는 총각김치를 먹을 때는 무청을 통째로 씹어 먹는 맛이 제격인데 그런 즐거움을 빼앗아갔기 때문이다.

이때 말고도 이 모 사장은 정주영으로부터 또 한 번 혼이 난 적이 있는데, 다름 아닌 깻잎 때문이었다. 보통 횟집에서는 회를 싸 먹을 수 있도록 상추와 쑥갓, 깻잎, 마늘 등을 가져다준다. 그날 정주영과 함께 들어간 허름한 일식집에서는 생선회를 싸 먹을 수 있는 채소로 상추와 쑥갓만이 올라왔다. 이 모 사장은 깻잎이 없는 것을 보고 주인을 불러 깻잎을 가져다 달라고 주문했다. 깻잎이 식탁 위에 올라오자 정주영은 또 불호령을 냈다.

"이런 병신 같이 ! 그건 소도 안 먹는 거야!"

깻잎은 독성이 강하기 때문에 옛날부터 간장이나 된장에 절여 먹었다는 것이다. 소도 깻잎의 독성을 알고 있었기에 깻잎을 절대로 먹지 않았다. 어린 시절 정주영은 저수지 둑에서 소에게 풀을 뜯길 때 소가 깻잎을 먹지 않는다는 사실을 알게 되었다. 소는 콩잎을 즐겨 뜯어 먹었지만 깻잎은 절대로 먹는 일이 없었다. 어린 나이였지만 그것이 매우 이상했던 정주영은 부모님으로부터 깻잎은 독성이 강해 소도 안 먹는다는 사실을 배우게 된다.

그러나 그것이 전부일까. 그렇지 않을 것이다.

정주영에게는 농군의 정서가 평생 동안 남아 있었다. 정주영이 훗날 현대그룹 회장이 되었을 때, 하루 중 그에게 제일 먼저 보고를 하는 사람은 서산목장의 관리인이었다. 대그룹 회장쯤 되면 아침에 첫 보고를 비서실장이나 그룹의 사장단들로부터 받는 것으로 알고 있지만 정주영은 그렇지 않았다.

그가 집무실에 도착하는 오전 7시 15분이면 어김없이 서산목장의 관리인으로부터 전화가 왔다. 그 전화의 내용은 서산목장에 있는 소 2천여 마리의 상태와 지난밤에 새끼를 몇 마리 낳았는가 하는 보고였다. 통상적으로 2천여 마리의 소를 관리하게 되면 하루에 아홉 마리 정도의 송아지가 태어난다. 그러나 어느 날은 열 마리 넘게 송아지가 태어나는 경우도 있었다. 정주영은 송아지가 평균보다 많이 태어나게 되면 파안대소하면서 곁에 있는 사장들에게 큰 소리로 말하곤 했다.

"오늘은 운이 좋은 날이다. 일이 잘 풀릴 거야. 나가서 오늘도 열심히 일하자."

그러면서 아주 흡족한 표정을 지었다. 그러나 평균 숫자보다 송아지가 적게 태어나면 그날은 왠지 풀이 죽었다.

정주영이 깻잎을 안 먹은 것은 어쩌면 깻잎이 독성이 있기 때문이라기보다 시골 농가의 살림 밑천인 소가 깻잎을 싫어했기 때문에 그러한 의식이 부지불식간에 작용한 것 같다.

정주영의 아버지 정봉식은 부지런한 농사꾼이었다. 동트기 전부터 해질 때까지 논밭 일을 했고, 그래도 시간이 나면 하루 종일 돌밭을 개간했다. 농사가 끝난 겨울철이 되면 남들은 술을 먹고 노름을 했지만, 정봉식은 한겨울에도 쉬지 않고 버려진 돌밭을 개간하거나 높은 곳을 깎아 낮은 곳을 메워 밭을 만들었다. 또 봇둑을 쌓아 물을 끌어 대어 논을 만들기도 하였다. 정봉식은 잠자는 시간 몇 시간을 빼고는 그야말로 농사밖에 모르던 사람이었다. 정주영은 아버지와 함께 온종일 농사일을 했는데 그의 아버지는 하루 종일 서너 마디도 하지 않을 정도로 일에만 열심이었다.

송전소학교를 졸업한 정주영은 공부도 마쳤으니 그야말로 농사꾼으로 나서게 된다. 15세의 젊은 농사꾼 정주영. 볼 것이라고는 논과 밭, 그리고 하늘밖에 없었던 강원도의 산골. 멀리 금강산 자락을 바라보면서 해가 지고 해가 뜨는 그러한 나날의 연속이었다.

당시 그에게 유일한 즐거움이 있었다면 그것은 〈동아일보〉를 보는 것이었다. 깡촌인 정주영의 고향에 신문이 들어올 리 만무하다. 신문을 보는 사람은 동네의 이장에 해당하는 구장이 유일한 사람이었다. 당시 〈동아일보〉에는 춘원 이광수가 쓴 소설 〈흙〉이 연재되고 있었는데, 그는 농사일이 끝나면 매일 밤마다 2킬로미터를 달려 구장 집으로 갔다. 구장으로부터 〈동아일보〉를 잠시만 빌려달라고 해서 거기에 연재되고 있는 소설을 읽었다. 호롱불 아래에서 눈을 비비며 읽던 춘원 이광수의 소설 〈흙〉, 정주영은 어쩌면 〈흙〉에 나오는 주인공 허숭처럼 변호사가 되고 싶었는지도 모른다.

송전소학교를 졸업하고 아버지 밑에서 단 1년 4개월간 농사를 배우던 정주영은 드디어 커다란 결심을 한다.

가출의 시대

　그 결심은 가출이었다. 때는 바야흐로 1931년으로 접어들었다. 정주영의 나이 17세이다.

　1931년, 조선의 국내 정세는 어두웠다. 일본이 후니不二흥업이 경영하던 평안북도 용천 농장에서 사고가 터졌다. 소작인들이 후니 농장의 노동착취에 항의하여 파업을 한 것이다. 일제와 후니농장 측은 조선인 소작인의 파업을 무참하게 짓밟으면서 한편으로는 회유정책을 썼다. 당시 조선은 후니흥업 외에 가타쿠라, 도야마, 후지이 등 일본인 기업들이 들어와 전국의 논과 밭을 무제한으로 사들이면서 2,000만 조선인을 그 소작농으로 만들고 있었다. 한 마디로 수탈이었다.

　후니흥업은 오늘날에도 일본에 건재하다. 도쿄 긴자의 8정목에 그 본사가 있는데 현재는 식품사업을 하면서 연간 약 9,000억 원의 매출을 올리고 있는 대기업이다.

용천 농장의 소작인 스트라이크는 조선 농민들의 비상한 관심을 끌게 된다.

그 해 6월 〈동아일보〉는 학생들에게 여름방학을 이용하여 브나로드 운동을 전개하자고 호소하였다. 브나로드 운동이란 문맹 퇴치 운동을 말한다. 본래 브나로드란 말은 러시아어로 '민중 속으로'라는 뜻이며, 민중을 깨우쳐야 이상적인 사회가 된다는 의도에서 본래 러시아에서 시작된 운동이었다. 당시 동아일보사는 농촌과 농민을 깨우치는 것이야말로 조선 자주독립의 지름길이라고 보고 학생들에게 방학 동안 농민들을 계몽하자는 취지에서 그 운동을 전개한 것이다. 브나로드 운동은 동아일보사 주관으로 1931년부터 1934년까지 4회에 걸쳐 전국적인 규모로 전개되었다. 당시 운동의 주축은 고등학교 1, 2학년생부터 전문학교 학생들에 의해서 전개되었다. 그들은 농촌에 내려가 야학을 열고 한글을 가르치는 한편, 음악과 연극을 통해서 농민들을 교화하였다. 또한 비위생적인 농촌의 생활을 개선하는 데도 앞장섰다.

그 해 8월에는 전국에 폭우가 내려 큰 홍수가 났다. 나라 안에 사망한 사람이 580명에 이르렀다. 한 해의 농사를 홍수로 망쳤으므로 농민의 생활은 날로 피폐해져 갔다.

함경남도 홍원에서는 농민들이 지주의 집안을 습격하여 지주가 가지고 있던 대출서류를 찾아내 마당에서 불태웠다. 가을걷이가 끝나면 농민들은 빌려간 돈을 갚아야 했는데 농사를 망쳤으므로 갚을 길이 막연해지자 돈을 빌려주었던 차용증을 모두 불태워버린 것이다. 이 사건으로 130여 명의 농민이 경찰에 체포되었다. 그만큼 생활이 어려웠던 시대였다.

1931년 한 해 동안 이러한 소작쟁의나 노동쟁의가 빈발하였는데, 소작쟁의의 경우 전국적으로 총 667건이 발생했고 여기에 참여한 사람은 1만 282명이었다. 한편 노동쟁의는 총 201건으로 그 참가자의 수는 1만 7,114명에 달했다. 그러나 그러한 와중에서도 춘원 이광수는 장편소설 〈이순신〉을 〈동아일보〉에 연재하여 2천만 조선민족의 자긍심을 고취하려고 애쓰고 있었다.

정주영은 가출했다

우선 청진 쪽으로 가기로 마음먹었다. 함경남도 청진은 강원도 통천에서 120킬로미터 북쪽에 있는 큰 도시로 함경남도의 도청 소재지이다. 그곳에서 제철소와 항구를 만드는 공사가 대대적으로 벌어지고 있다는 신문기사를 읽었기 때문이다. 체력에는 자신이 있었으므로 '거기에만 가면 무슨 일을 해서라도 밥은 먹을 수 있겠지'라고 생각했던 것이다.

돈이 없었으므로 그는 청진까지 걸어가기로 작정하고 새벽의 미명이 걷히기도 전에 집을 나섰다. 혹시나 아버지가 자신을 잡을세라 부리나케 집으로부터 도망쳤다. 고향 아산리가 멀어지면 멀어질수록 그의 가슴에는 용기와 희망이 샘솟고 있었다. 가출한다는 두려움보다 이 지긋지긋한 농사일에서 벗어나 자신의 힘으로 뭔가를 이루고 싶었던 것이다.

집에서 나와 하루를 걷자 함경남도 원산 못 미쳐 고원이라는 곳에 도착했다. 고원군은 탄광으로 유명한 고장이다. 특히 무연탄의 매장량이 많았는데, 마침 그곳에서는 무연탄을 수송하기 위한 철도공사가 한창이었다. 수백 명의 노동자들이 철도침목을 나르고 있었다.

당시 원산 시가

'함바'도 있었다. '함바'란 노동자용 간이식당 겸 숙소를 말하는데, 당시에는 공사판이 터지면 식당 주인들이 공사판 곁에 함바를 열었다. 비록 얼기설기 나무판자로 지은 함바집이지만, 그런대로 기거할 만해 보였다.

일단 일을 해야 밥을 먹을 수 있었으므로 정주영은 우선 철도공사판의 노동자가 되기로 작정했다. 손수레로 흙을 나르는 인부가 된 그는, 이제 불과 열일곱 살 먹은 소년일 뿐이었다. 그러나 어려서부터 몸집이 컸던 그는 별 어려움 없이 채용되었다.

잠도 함바에서 잤고, 밥도 거기서 먹었다. 당시 하루 일당은 45전, 그러나 하루 먹고 자는데 32전이 들었으므로 열심히 일을 해도 숙식비를 빼고 나면 13전이 남는 셈이었다. 물론 그 13전도 정주영의 수중에 온전히 떨어진 것은 아니다. '비 오는 날은 공치는 날'이라는 말처럼 결국 비 오는 날 일을 못하게 되면서 밥값조차 밀리기 시작했다.

노동은 매우 힘들었다. 이제 불과 열일곱의 소년에게는 힘이 부치는 일이었던 것이다. 하지만 정주영은 기뻤다. 자신의 손으로 돈을 벌어서 밥을 먹고 산다는 기쁨이었을 것이다. 그는 이곳 철도공사 현장에서 열심히 일하며 두 달 가량을 보냈다.

어느 날 흙을 가득 담은 손수레를 끌고 가는데 누군가가 그의 앞에 떡 하니 서 있었다. 아버지였다. 정주영의 아버지가 수소문 끝에 거기까지 찾아온 것이다. 그의 아버지는 어느 때보다도 애절한 눈빛으로 그에게 고향으로 다시 돌아가자고 사정했다.

"너는 우리 집안의 장손이다. 형제가 아무리 많아도 장손이 기둥인데, 기둥이 빠져나가면 집안은 쓰러지는 법이다. 어떤 일이 있어도 너는 고향을 지키면서 네 아우들을 책임져야 한다. 네가 아닌 동생들 중에 누가 집을 나왔다면 내가 이렇게 찾아 나서지 않는다."

세계 경제사를 보면 정주영처럼 어릴 적 가출한 기업가들이 여럿 보인다.

일본의 '자동차 왕'이라고 할 수 있는 도요타 사키치(1867~1930)도 그러한 경우이다. 목수인 그의 아버지는 도요타 사키치가 초등학교를 졸업하자 목수 일을 가르쳤다. 목수 일을 배우면 밥은 먹을 수 있었기 때문이었다.

초등학교를 졸업한 도요타 사키치는 처음에는 착실하게 일을 배웠으나 열아홉 살이 되던 어느 날, 집을 나와 무작정 도쿄를 향해 걸어갔다. 가출이었다. 부모님에게는 말 한 마디 하지 않고 도망쳤다. 바깥세상이 궁금했기 때문이다. 결국 그는 훗날 면직기 발명가를 거쳐 자동차 사업에 뛰어들어 대성공을 거두었다. 바로 오늘날 세계 제일의 자동차 회사인 미국의 GM을 제치고 세계 제일의 자동차 업체가 된 '도요타자동차'를 창업했던 것이다.

미국의 포드자동차를 창업한 헨리 포드(1863~1947)도 똑같은 경우이다.

헨리 포드 역시 초등학교만 졸업한 사람이다. 그의 아버지도 아들이 자신을 도와 농사꾼이 되기를 바랐다. 그러나 포드는 죽어도 농사만 짓고 살기는 싫었다. 어느 날 가출을 결심한 그는 기계공장의 견습공이 되었다. 포드의 아버지도 아들을 찾아가서 고향으로 돌아가자고 간청을 했지만 그는 고집을 꺾지 않고 디트로이트 조선회사에 취직했다. 그리고 먼 훗날 세계 3위의 자동차 메이커인 포드자동차를 설립하여 세계적인 자동차 왕이 된다.

가출의 경험과 더불어, 정주영과 같이 초등학교만 졸업하고도 성공한 기업가의 예는 얼마든지 들 수 있다.

일본의 '경영의 신'이라고 하는 마쓰시타 고노스케(1894~1989)의 경우도 그렇다. 그는 그나마 초등학교도 졸업하지 못하고, 초등학교

4학년 중퇴가 학력의 전부였다. 집안은 찢어지게 가난했다. 본래 그의 집안은 오사카 근처 와카야마 현의 명문가였지만 집안이 몰락했으므로 하루 세 끼 밥조차 먹을 수 없을 정도로 가난했다. 그의 부모님은 자신들이 데리고 있어 보았자 밥 세 끼도 먹여줄 수 없었기 때문에 마쓰시타 고노스케를 남의 집 애보개로 보낸다. 그의 나이 열 살 때였다. 남의 집 애보개로 출발한 고노스케는 그 이후 자전거 가게에서 자전거 수리를 배웠고, 다시 전기업체로 옮겨 거기서 전기기술을 배워 훗날에는 일본을 대표하는 내셔널 파나소닉 그룹을 창업하게 된다.

도요타자동차와 더불어 세계 굴지의 자동차 회사인 혼다자동차를 창업한 혼다 소이치로(1906~1991) 또한 그러한 경우이다. 하마마쓰에서 두 시간 이상 떨어진 깡촌 출신으로 그의 학력은 무학. 아예 학교 문턱에도 가보지 못했던 것이다. 그의 집안 역시 가난했으므로 그의 아버지는 아들 혼다 소이치로를 자신의 조수로 데리고 일을 하다가, 결국은 자동차 수리회사 견습공으로 보낸다. 그의 나이 열여섯 살 때였다. 그때부터 자동차 수리를 배운 소이치로는 훗날 오토바이로 유명한 혼다기연을 창업, 세계 최고의 오토바이 메이커가 되었다가 오늘날에는 혼다자동차를 생산하는 메이커로 탈바꿈했다.

'기술의 혼다'라는 말은 혼다가 어린 시절부터 지식에 의존하지 않고 순전히 경험이 의존한 기술로써 세계 최고의 오토바이와 자동차를 만드는 데서 비롯된 말이다. 혼다는 학교에서 배운 지식을 무시했다. 경험이 수반되지 않은 지식은 진짜 기술이 아니라고 생각했기 때문이다.

다시 정주영 이야기로 돌아오자. 가출한 정주영은 아버지와 함께 집으로 향했다. 집까지는 300리 먼 길이었다. 두 사람은 내내 걷기만 했다. 걷는 도중 안변 근처의 과수원을 지나게 되었는데 안변은 사과로 유명한 고장이다. 초여름의 사과밭이 끝 간 데 없이 이어지고 있었고, 그곳엔 탐스런 풋사과가 주렁주렁 매달려 있었다. 일제하에 안변 지역에 살았던 실향민들의 증언에 따르면 안변 지역의 사과는 국광과 홍옥이었다고 말한다. 특히 안변의 홍옥은 껍질이 보석처럼 빨갛고 속살이 부드러운데, 입에 넣으면 아이스크림처럼 살살 녹는 맛이 일품이었다고 한다.

정주영의 아버지는 문득 사과로 유명한 안변을 지나면서 발걸음을 멈추었다. 아버지 정봉식은 안변의 그 유명한 홍옥을 보자 집에 계시는 어머니 생각이 났던 것 같다. 이 맛있는 사과를 어머니에게 드리고 싶어했을 것이다.

할머니에게 드리기 위해 사과를 사려고 그들은 과수원 안으로 들어갔다. 사과나무에는 비록 풋사과지만 탐스럽게 익어가는 홍옥들이 주렁주렁 열려 있었다.

아버지는 과수원 주인에게 탐스럽게 열린 풋사과를 사지 않고 대신 나무 아래 떨어져 있는 사과를 몇 개 팔라고 부탁했다. 사과나무 아래에는 썩은 사과가 많이 떨어져 있었는데, 아버지는 이 썩은 사과 한 보자기를 결국 사고야 만 것이다. 싱싱하고 모양이 좋은 사과가 아니라 상하고 썩어서 저절로 떨어진 헐값의 낙과落果.

아버지가 산 몇 개의 썩은 사과.

정주영은 그 자신 '아직도 기억에 새롭다'라고 자서전에 썼지만 당시 그의 비애는 이루 말할 수 없었을 것이다. 사과 몇 개를 사면서도 상하고 썩은 헐값의 사과를 살 수밖에 없었던 가난한 농사꾼의 현실, 그리고 너무 슬프고 답답한 농촌의 현실……. 정주영의 가슴이 더워진다. 아울러 정주영은 그날의 기억을 평생 잊지 않겠다고 다짐한다.

금강산으로의
두 번째 가출

정주영의 두 번째 가출은 그 이듬해 눈이 녹기 시작하던 4월이었다.

가출자금은 산에 가서 나무를 베고 이를 시장에 내다팔아 마련했다. 당시 시골에서 나무를 해서 장날에 내다파는 것이 일상적인 일이었는데, 정주영은 나뭇단을 팔 때마다 4~5전씩 몰래 떼어내어 가출자금을 마련했다. 이를테면 나무 값을 삥땅친 것이다.

겨울에 농사가 끝나고 고저읍 장터로 나무를 팔러 갔다. 장이 선 곳은 하고저리로, 아산리에서 남쪽으로 40리 거리이다. 소 등에 나무를 잔뜩 실은 채 도착한 그곳에서 나무를 팔면 50전 받을 때도 있고 45전 받을 때도 있었다.

아버지는 점심 값도 주지 않았다. 겨울엔 해가 짧으니 점심을 먹을 필요가 없다는 것이었다. 점심 값 대신으로 나무 판 돈 중에서

1전만 쓰라고 했다. 정주영은 그 1전으로 눈깔사탕 두 알을 사서 입에 넣었다. 입에는 넣지만 빨지는 않았다. 사탕을 빨면 그만큼 빨리 녹기 때문에 그냥 입에만 조심스레 넣은 채 집까지 돌아왔다. 침이 나오면 주의하여 침만 삼켰다고 한다.

어린 시절 정주영에게 나무를 팔러 다니는 것은 가장 큰 즐거움이었다. 아버지를 따라 농사를 돕는 것보다 훨씬 편했기 때문이다. 또 장터에 가면 구경거리가 많아서 좋았다. 특히 자기보다 훨씬 좋은 옷을 입은 사람들이 다니는 모습을 보는 것도 즐거웠다. 그는 농사일을 하지 않고도 잘사는 사람이 꽤 많다는 사실을 그 때 처음 알았다고 한다.

두 번째 가출엔 동행이 있었다. 소학교 동창인 조언구와 정창령이 그들이었다. 정주영은 한 번 바깥세상 구경을 해보아서 재미가 들렸으므로 농촌에서 썩고 싶은 생각은 손톱만큼도 없었다.

식구들이 모두 잠들어 있던 한밤중, 세 사람은 동네 어귀에서 만났다. 각자 들고 나온 가출 자금을 꺼내 보았다. 놀랍게도 입을 맞춘 듯이 똑같이 30전씩이었다.

세 청년은 무명 바지저고리에 고무신을 신고 부지런히 걸었다. 밤새도록 걷다보니 통천읍을 지났고 아침에는 추지령이라는 고개 아래 도착할 수 있었다. 그들은 산자락의 목로주점에 도착했지만 돈을 아끼기 위해서 해장국의 국물로만 간신히 요기를 했다. 목로주점을 나선 그들은 드높은 추지령 정상을 향했다. 추지령 너머의 회양에 가기 위해서였다. 회양에는 친구 정창령의 친척집이 있기 때문에 그곳에서 고단한 몸을 잠시 쉴 수 있고 또 하룻밤 먹고 잘 생각이었다.

해발 643미터의 도저한 산봉우리인 추지령은 4월인데도 눈이 녹지 않았다. 산꼭대기에 오르자 회양읍의 시가가 한눈에 펼쳐졌다. 눈이 소복이 쌓여 햇빛에 찬란하게 빛나던 회양시가를 본 세 사람은 거의 동시야 "야!" 하고 탄성을 질렀다. 장엄한 설경이 펼쳐져 있었던 것이다.

감동도 잠시, 그들은 부지런히 발걸음을 옮겨 정창령의 친척집에 도착했다. 어느덧 해가 설핏 기울고 있었다. 정창령의 친척집에서는 몇 년 동안 연락이 없던 친척 아이의 방문을 기쁘게 맞아주었다.

우선 시장기를 면하라고 팥밥을 지어주자 세 사람은 배가 터지도록 먹었다. 가난한 살림에 뜻밖의 환대를 받았으므로 기왕 신세 지는 김에 하루 더 쉬어가기로 작정하였다.

느긋하게 따뜻한 방바닥에 등을 대고 누워 있는데, 그때였다. 느닷없이 정창령의 형이 친척집 문을 열고 들이닥쳤다. 동생의 가출을 알고 그리로 잡으러 온 것이다. 또한 그들이 머물던 친척집에서도 정창령이 가출했다는 사실을 이미 알고 있었다. 그랬기에 그들을 붙잡아두기 위해서 일부러 더욱 환대해 준 것이었다.

결국 정창령은 형의 손에 끌려 다시 고향으로 끌려갔다. 그러나 정주영과 친구 조언구는 정창령의 형의 설득을 끝내 뿌리치고 다시 길을 떠났다. 두 사람은 금강산으로 내처 걸었다. 중간에 양지바른 목이 나와 잠시 쉬고 있는데, 멀리서 양복을 잘 차려입은 신사가 두 사람에게 다가왔다. 그도 그들의 곁에 앉았다.

"너희들, 어디 가는 길이냐?"

신사가 대수롭지 않다는 듯이 물었다.

"돈도 벌고, 공부도 하려고 서울에 갑니다."

그러자 신사는 다시 물었다.

"서울에 친척이라도 있나?"

"아무도 없지만 취직해서 돈 벌려구요."

정주영이 자못 호기 있게 대답하자 양복 입은 신사는 흥하고 콧방귀를 뀌었다.

"서울이 어떤 곳이라고 너희들 같은 촌 무지랭이를 써 주겠냐? 고생만 직사하게 하다가 굶어죽는다."

신사는 두 사람의 포부를 비웃었다.

"기왕에 돈을 벌려고 나왔다면 서울까지 갈 것 없이 날 따라 금강산에 가자. 나는 서울에서 온 요리사인데, 금강산의 일등 여관에 요리사로 초청되어 가는 길이다. 나를 따라오면 취직은 문제없다."

신사가 두 사람을 꼬드겼다. 귀가 솔깃했다.

"그런데 너희들 돈 있냐?"

신사가 물었다. 두 사람은 주머니를 톡톡 털어보니 76전이 나왔다. 그 중 16전은 먼저 떠난 친구가 주고 간 것이었다. 그 돈으로 세 사람은 금강산까지 동행하게 되었고, 금강산 입구의 경성여관이라는 객줏집에 도착했다. 1932년부터 1940년까지 금강산은 일제하 관광의 최전성기였다. 특히 일본인 관광객들이 금강산을 많이 찾았다.

당시 일본은 도시문화의 발달로 인해 여행에 대한 관심이 높아지고 있었고 또한 일본의 대륙진출의 영향으로 조선과 만주를 여행하는 것이 하나의 붐이었다. 금강산 역시 조선 최고의 관광지의 하나로 유명했다. 당시 금강산 내금강에는 수많은 일본식 여관과 조선식 온돌여관이 있었는데, 그 중에 가장 오래된 여관은 영양관領陽館이었다. 영양관은 1928년에 증축된 3층짜리 건물로서 한 번에 100명 정도가 숙박할 수 있었다. 영양관의 라이벌 격인 만룡각萬龍閣이라는 여관도 있었다. 또한 온정리 부근에는 음식점뿐만 아니라

영양관 여관(미공개 사진. 국내 최초 공개)

다방과 카페도 있었다. 이 카페에서는 음악이 흘러나오는 축음기가 있었고 조선옷을 입은 웨이트리스 두 사람이 근무 하고 있었다.

당시 기록을 보면 1934년경 외금강 철도역에는 연간 약 1만 1,000명 정도의 일본인 단체관광객이 이용했다는 기록이 있다. 또

한 조선인 관광객도 상당히 많았다. 같은 해 온정리를 이용한 관광객 수를 보면 일본인이 1만 5,000명, 조선인이 1만 8,000명으로 도합 3만 3,000명이나 된다. 당시 금강산에 매우 많은 관광객이 찾아왔음을 알 수 있다. 또 내금강을 이용한 금강산 관광객 수도 1만 4,000명이나 되어 1934년도에는 금강산을 찾은 관광객 수는 모두 합해 4~5만 명 정도로 추정된다.

금강산 온정리 호텔(미공개 사진. 국내 최초 공개)

당시 금강산에 이처럼 많은 관광객이 찾아올 수 있었던 원인 중의 하나는 교통이 편리했기 때문으로, 이른바 금강산 전기철도 덕분이다.

그 철도는 강원도 철원에서부터 내금강까지 하루에 세 번 왕복으로 운행하였다. 또한 서울에서 내금강까지 운행하는 야간 침대

열차도 있었는데, 이것은 5월에서부터 10월까지 성수기에만 가능했다. 그밖에도 동해북부선을 이용하여 안변을 출발, 내금강 역까지 하루 4회 왕복하는 열차도 있었다.

이처럼 관광객들의 교통수단이 잘 연계되어, 숙박시설 또한 많았다. 우선 내금강 역전에는 일본식 여관인 부지화 여관이 있었다. 부지화 여관은 일본인들이 금강산 전기철도를 건설하면서 세운 위탁경영식의 여관이었다. 또 장안사 입구에는 일본 철도국에서 직영하는 호텔인 내금강 산장이 있었는데, 정주영이 금강산을 방문하던 당시에는 약 26개의 객실과 부대시설인 방가로형 별장이 다섯 동이나 있었다.

금강산 장안사(미공개 사진. 국내 최초 공개)

외금강 쪽인 온정리에도 상당수의 여관이 있었다. 우선 일본 철도국에서 직영하는 호텔인 외금강 산장이 약 20개의 객실과 온천 시설을 함께 가지고 있었다.

또한 상당수의 조선식 여관도 있었다. 금강여관, 온정여관, 외금 강각, 풍악관, 동양관, 태양관, 자장관, 수양관, 신의여관, 봉래관, 봉일여관, 신흥여관, 경성여관 등이다. 이들 조선식 여관 중에서 경성여관만 유일하게 온천을 가지고 있었고 나머지 여관들은 온천 이 없었다.

정주영은 바로 이 경성여관에서 사흘 동안 무전취식했던 것이다. 정주영이 쓴 자서전에 보면 그는 경성여관에서 사흘간 겨우 밥을 얻어먹다가 급기야 내쫓긴 것으로 되어 있다. 그의 자서전『시련은 있어도 실패는 없다』에서 양복을 입은 사기꾼 신사가 자기를 경성 여관으로 데리고 갔다고 쓴 바 있는데, 그는 경성여관이 내금강 장 안사 절 근처에 있는 것으로 기술해놓았다. 그러나 당시의 여러 정 황자료를 보면, 경성여관은 내금강이 아니라 외금강의 온정리에 위 치했던 것으로 나와 있다. 따라서 그는 장안사에서 한 시간 이상 떨어진 경성여관까지 걸어가서 거기서 머물렀던 것으로 보인다.

이처럼 당시의 금강산은 우리가 상상했던 것 이상으로 요란했던 국내 최대의 관광지였다.

경성여관으로 정주영 일행을 데리고 간 그 신사는, 자신은 일등 호텔로 가야 하니까 너희들은 이 여관에서 기다리라고 이르곤 어 디론가 사라졌다. 그 신사가 취직되었다는 호텔은 만국회관이라는 거창한 호텔이었다. 순진한 두 사람은 경성여관에서 그 신사를 기 다리기로 했다.

양복신사가 여관에서 두 사람을 기다리라고 해서 사흘을 기다렸으나, 신사는 끝끝내 오지 않았다. 하는 수 없이 두 사람은 만국회관으로 그 신사를 찾아갔다. 만국회관의 주방에서 그 신사가 나왔지만, 그는 정주영과 친구 조언구를 보자마자 얼굴이 하얘지더니 당장 꺼지라며 고래고래 소리를 지르는 것이 아닌가.

이 순진한 두 청년은 결국 사기를 당한 것이었다. 양복신사는 금강산까지 갈 노자가 없어 두 사람이 가지고 있던 76전을 이용한 것뿐이었다.

정주영과 조언구는 다시 경성여관으로 돌아왔다. 사흘치의 밥값과 숙박비가 밀려있으니 여관주인이 가만있을 리 없었다. 이들을 본 주인여자는 당장 여관비를 내놓으라며 채근하기 시작했다. 그러나 두 사람의 수중에는 땡전 한 푼도 없었다. 주인여자는 재수가 없다며 침을 탁 뱉고는 '근처에 인삼밭이 있으니 거기 가서 일을 해서라도 여관비를 갚으'라고 악을 썼다.

정주영과 조언구는 그 말에 귀가 번쩍 뜨여 즉시 인삼밭으로 달려갔다. 인삼밭의 하루 품삯은 40전이었다. 여관의 하루 숙식비가 40전이니 하루 벌어 하루치 여관비를 충당할 수 있는 셈이었다. 그러나 이들에게 하루가 아닌 사흘치의 여관비가 밀려있는 터라 이 또한 불가능했다. 결국 두 사람은 여관주인에게 욕만 바가지로 얻어먹고 쫓겨나게 된다. 갈 데가 없어진 그들은 산 속에 버려진 신세가 되어버렸다.

당시 금강산 스키장(미공개 사진. 국내 최초 공개)

'어떻게 할 것인가.' 정주영은 문득 금강산 자락에 있는 작은할아버지의 집이 떠올랐다. 사실 작은할아버지 댁은 가고 싶지 않았다. 연락이 신속하게 이루어지면 곧장 아버지가 자기를 잡으러 올라올 것이기 때문이다. 하지만 도무지 어떻게 할 방법이 없었다. 날은 춥고 뱃속은 하루 종일 굶어 쓰러지기 일보직전이었으니까.

결국 그들은 하는 수 없이 부지런히 걸어 작은할아버지 집까지 오게 되었다. 작은할아버지 댁의 환대도 대단했다. 정씨 집안의 장손이 왔다고 온 식구가 따뜻하게 맞아주었고, 손님을 맞는 풍습인지는 모르겠으나 그곳에서도 팥밥을 지어주었다. 배가 부르고 등이 따뜻해지니 스르르 눈이 감겼다. 두 사람은 곧 잠이 들어버렸다.

하지만 아니나 다를까, 작은할아버지 댁의 환대도 내막이 있었다.

정주영의 아버지 정봉식이 그저께 바로 작은할아버지 댁에 왔다 갔던 것이다. 가출한 정주영이 금강산 쪽에 갔다는 소문을 들었으므로 필경 작은할아버지 댁에 들를 것이라고 예상했던 정주영의 아버지는 작은 할아버지에게 아들이 찾아오거든 무슨 일이 있어도 집으로 보내달라고 신신당부를 했던 것이다.

결국 정주영은 집을 떠난 지 10여 일 만에 다시 고향으로 돌아오게 된다. 두 번째 가출도 실패로 끝난 것이다. 아버지는 두 번째 가출에서 돌아온 정주영에게 단 한 마디 야단도 치지 않았다. 때는 이제 막 농사가 시작될 5월이었고, 다시 돌아온 장남과 함께 한 해 농사를 힘차게 시작해야 한다는 생각뿐이었다.

정주영은 아버지에 대한 죄송스러운 마음에 그 어느 때보다도 열심히 농사를 지었다. 그러나 한편 그의 마음속에는 여전히 이 깡촌을 떠나고야 말겠다는 꿈으로 가득 채워져 있었다. 꿈은 쉽사리 사라지는 것이 아니었다.

당시 내금강 산장(미공개 사진. 국내 최초 공개)

소 판 돈을 훔치다

정주영은 묵묵히 농사일만 했다. 그러나 그의 가슴속에는 여전히 회의가 남아있었다. 하늘을 바라보며 비가 내리기를 기다리는 이 지긋지긋한 농사일을 언제까지 할 것인가. 비가 안 오면 어떻게 될 것인가. 농사가 잘 된다 해도 밥 세 끼를 먹을 수 없지 않은가.

두 번의 가출이 실패한 원인은, 어쩌면 아버지가 자신을 찾았기 때문이 아니라 한마디로 돈이 없었기 때문이었다. 고원의 철도공사판에서든 금강산의 인삼밭에서든, 세 끼 밥을 먹고 여윳돈이 생길 수 있었다면 그는 아마 또 다른 모험을 감행했을 것이다. 그러나 여윳돈은커녕 밥값도 밀리는 처지에 또 다른 모험을 할 수 없었던 것이다. 그는 가출의 실패가 자금부족이 원인이었다고 판단했다.

어느 날 밤 그는 대담한 결심을 하게 된다.

정주영은 방바닥에 누워 안방의 나무궤짝을 뚫어지게 바라보았다. 그 나무궤짝 속에는 며칠 전 아버지가 소를 팔아 만든 거금 70원이 들어있었는데, 이는 논밭을 사기 위해 마련한 것이었다. 제대로 가출을 하려면 충분한 여윳돈을 가지고 나가야 한다고 늘 생각했던 그는 한순간 유혹에 시달린다. 지금 자신이 들여다보고 있는 이 돈 70원만 있다면 당장 대처로 나가도 충분히 성공할 자신이 있었다.

'기회는 두 번 오지 않는다. 이번 기회를 놓치면 나는 영원히 농부라는 이름으로 여기서 살아야 한다. 훔친 돈은 나중에 서울에서 돈을 벌어 원금에 이자까지 합쳐 갚아드리면 된다.'

정주영은 자기 자신을 그렇게 설득하고, 드디어 대담하게도 소 판 돈 70원을 나무궤짝에서 조심스레 꺼내고야 말았다.

이번에는 서울을 가출의 목적지로 결정했다. 서울에 가서 부기학원을 다닐 생각이었다. 언젠가 〈동아일보〉 광고란을 보니 서울의 부기학원에서 학생을 모집한다는 내용이 있었다. 그 광고에는 부기학원에서 6개월만 속성으로 공부를 하면 회계원이나 경리원으로 취직할 수 있다고 했다. 정주영은 부모님 몰래 부기학원에 편지를 보내어 학원의 입학안내서를 보내달라고 요구하였다. 한 달 후쯤, 부기학원에서 안내장이 날아왔는데, 일단 등록하려면 돈이 필요했던 것이다.

그날 밤, 정주영은 가족들이 잠든 틈을 타서 70원의 돈을 들고 송전역으로 튀었다. 그리고는 누가 볼세라 서울행 밤차를 얼른 집어탔다.

열차는 밤새 달렸다. 새벽인가 깨어보니 기차는 서울 청량리역

구내에 막 들어서려는 중이었다.

서울은 화려했다. 차들이 도로를 달리고, 사람도 많았다. 배가 고팠던 터라 일단 역전에서 싸구려 장국밥을 한 그릇 사먹었다. 뚝 딱 한 그릇을 비우고 곧장 부지런히 걸어 덕수궁 근처에 있다는 부기학원을 찾아갔다.

가지고 있던 돈 70원을 몽당 학원에 맡기고, 학원 안에서 숙식을 하기로 했다. 난생처음 서울까지 와서 유학을 하게 된 자신이 왠지 대견스러웠다. 이 부기학원에서 6개월 동안 공부를 하면 서울의 일류 멋쟁이처럼 월급쟁이가 될 수 있다는 희망으로 괜스레 뿌듯함이 밀려왔다.

정주영은 그 이튿날부터 단식부기와 복식부기 공부를 시작했다. 학원공부가 끝나면 기숙사에 들어가 죽어라고 책을 읽었다. 『나폴레옹전』, 『삼국지』, 『링컨』 등 전기 등을 그 때 읽었다. 돈이 없어서 책을 많이 사지는 못했지만 대신 같은 책을 읽고 또 읽었다.

특히 『나폴레옹전』은 그에게 많은 용기를 주었다. 자신처럼 가난한 집안에서 태어나 강인한 정신력으로 프랑스 공화국 황제가 되었다는 나폴레옹의 일생은 정말 감동적이었다. 링컨 대통령 또한 자신과 비슷하다고 생각했다. 시골에서 태어나 도시로 나온 것도 같았고, 젊은 날 노동을 했다는 것도 그랬다. 링컨 역시 책을 읽는 데 목말라 했다는 점도 그와 같았다. 강원도 통천에 살 때는 책은 커녕 신문 몇 줄을 읽기 위해서 2킬로미터를 달려 구장집까지 가야 했지만, 서울에는 책이 지천에 깔려있었다. 간신히 주머닛돈을 털어 불과 몇 권의 책을 샀지만, 그건 정말 커다란 기쁨이었다.

전기를 읽다가 자신이 꼭 배워야 할 점이라고 생각되는 부분은 공책에 일일이 옮겨 놓았다가 틈틈이 읽고 또 읽었다. 새벽 3시 반이면 일어나 머리맡에 두었던 위인전을 다시 꺼내 읽었다. 책을 읽는 열정만큼 부기 공부도 병행하면서 나름대로 성실한 생활을 해 나갔다. 두 달쯤 지나자 이제 자신이 완연한 서울사람이 되었다고 느껴졌다. 그 무렵, 어느 날 방에서 책을 읽고 있는데 아버지가 불쑥 자신의 기숙사 방으로 들어왔다.

물귀신 같은 아버지! 도대체 여기는 또 어떻게 알고 찾아온 것인가.

환장할 노릇이었다.

알고 보니 아버지는 정주영이 깜빡 잊고 챙겨 나오지 못했던 서울의 부기학원 입학안내서를 발견하고는 여기까지 찾아왔던 것이다.

아버지를 보자 내심 겁이 덜컥 났다. 거금 70원을 훔쳐서 들고 튀었으니 아버지가 난리를 쳐도 할 말이 없었기 때문이다. 그러나 이상하게도 아버지는 전과 똑같았다. 이번에도 단 한 마디도 나무라지 않은 채 오직 고향으로 다시 돌아가자는 말밖에 없었다. 그리고 그 끝에는 꼭 이 단서를 붙이셨다.

"너는 우리집의 장남이다. 장남의 도리를 잊으면 안 된다."

정주영에게는 지겹고도 지겨운, 정말로 더 이상 듣고 싶지 않은 그 말만 연신 되풀이하셨다.

"죽어도 안 내려가요"

정주영이 대꾸했다.

그러자 아버지는 자신의 친척 중에 서울에 와서 알거지가 되거나 실패한 사람들의 사례를 죽 늘어놓으시며, 결국 '서울에서는 성공할 수 없으니 돌아가자는 논리만 계속 펴댔다. 앞으로 4개월 후면 부기학원을 졸업할 것이고 곧 번듯한 월급쟁이가 될 거라고 확신하고 있었기 때문에 정주영은 고향으로 내려갈 생각은 손톱만큼도 없었다. 아버지 또한 끝끝내 고집을 꺾지 않았다. 정주영이 다시 대꾸했다.

"농사꾼보다는 서울에서 월급쟁이 하는 것이 낫지, 왜 그러세요?"

설득에 설득을 거듭하던 아버지가 갑자기 입을 다물었다. 그리고는 한동안 먼 산을 바라보며 말이 없었다. 밥 세 끼도 못 먹이는 농촌의 현실을 뻔히 잘 알면서 아들을 데리고 돌아가려던 자신도 말문이 막혔기 때문이다.

잠시 침묵이 흘렀다.

문득 이상한 낌새가 들어 올려다보니 아버지의 뺨 위에 두 줄기 눈물이 흘러내리고 있었다. 근엄해 보이기만 하던 아버지, 하루 종일 논에서 같이 일을 해도 단 서너 마디밖에 없던 아버지, 그토록 커 보이던 아버지가 자신의 앞에서 눈물을 흘리고 있는 게 아닌가. 정주영의 가슴이 미어지는 듯했다.

"서울에는 전문학교까지 나와도 취직자리가 없단다. 네가 부기학원을 나와 봤자 사환밖에 더 하겠느냐. 그 알량한 거 하자고 우리 식구들을 다 거지떼로 만들 셈이냐. 네가 맏아들만 아니라면 나도 너 하고 싶은 대로 내버려두겠다. 깊이 생각해라."

그러면서 아버지는 꺼이꺼이 울기 시작했다. 정주영도 그만 설움이 복받쳐 아버지의 무릎에 엎어져서 울고 말았다.

참으로 슬프고 안타까운 장면이지만, 이 장면은 아버지의 승리를 의미하기도 한다.

아버지와 정주영은 그날 저녁 기차를 타고 내려갈 예정이었다. 청량리에서 밤 10시 정각에 고향으로 가는 기차가 있었다. 정주영은 아버지와 함께 내려가기 위해 급히 부기학원 측에 자기가 맡긴 돈을 도로 달라고 얘기했다. 이것저것 다 떼이고 나니 애초에 맡긴 금액의 1/3도 남지 않았다.

그 3분의 1의 돈이나마 수중에 떨어졌으니 정주영은 아버지에게 무언가를 해드리고 싶었다. 밤 기차를 탈 때까지 시간 여유도 있고 하여 궁리 끝에 아버지를 모시고 창경원 동물원에 가기로 했다. 전차를 타고 가야 할 거리였는데 전차 삯이 5전이었으므로 아버지는 그걸 아끼자며 굳이 걸어가시겠단다. 할 수 없이 창경원까지 힘겹게 걸어 간 그들 부자는 또 한 번의 갈등에 맞닥뜨리게 된다. 창경원 입구 매표소에 걸려있는 표지판에는 '대인 10전, 소인 5전'이라 쓰여 있었던 것이다. 이를 본 그의 아버지는 아들에게 일렀다.

"난 시골서 호랑이 많이 봤으니까 너나 보고 와라."

두말 할 것 없이 돈을 아끼기 위한 아버지의 배려였다.

"아버지가 보지 않으시면 저도 안 보렵니다."

결국 아버지는 하는 수 없이 입장권 두 장을 샀다. 그렇게 그들 두 부자는 난생처음으로 서울의 동물원 구경을 하게 되었다.

인천 부두의
노동자

　다시 고향으로 돌아온 정주영은 농사일에 매달렸다. 전과는 달리 이제부터는 정말 아버지의 뜻에 따라 장남으로서의 역할을 다할 생각이었다. 태어나서 처음으로 정주영은 정말로 열심히 농사일에 온몸과 마음을 다 바쳤다.

　그 해엔 흉년이 들었다. 갑자기 서리가 일찍 내려 농사를 망쳤던 것이다. 집집마다 걱정이 태산이었다. 농사가 잘 되어도 하루에 두 끼를 먹기가 어려운데, 그나마 흉년이 들었으니 또 무엇을 먹고 살 것인가. 강원도 통천, 겨울이 유난히 긴 그 산골마을에서 5개월이나 되는 시간 동안 무엇을 먹고 살 것인가. 모처럼 마음을 다잡고 농사일을 했던 정주영이었으나, 다시 한 번 그의 가슴속에 번민이 고개를 쳐들었다.

　힘든 겨울날이 계속되었다. 쌀을 아끼기 위해 콩죽을 먹었다. 콩

죽이 떨어지자 이번에는 비지밥을 먹었다. 비지는 콩의 찌꺼기인데, 그것마저 떨어지자 다시 감자에 쌀을 조금 넣고 감자밥을 만들어 먹었다. 물론 이 또한 초봄이 되자 모두 떨어져 버리고 말았다.

봄이 오자 동네 사람들은 논두렁에 나가 쑥을 캤다. 그것을 밀기울에 버무려 쑥떡으로 요기를 했지만 이 역시도 떨어지자 이번에는 소나무 껍질을 벗겨 연한 속살을 물에 불려먹었다. 어느 날부턴가 동네사람들의 얼굴이 퉁퉁 붓기 시작했다. 부황이 난 것이다. 1930년대 우리나라 시골의 형편은 어디고 모두 이와 같았다.

정주영은 아버지 밑에서 길고 긴 겨울을 났다. 고향으로 다시 돌아왔을 때는 굳은 결심을 하고 농사를 지을 생각이었으나, 상황이 이렇게 되고 보니 자신이 살 길은 오직 서울에 가는 수밖에 없다는 생각뿐이었다.

어느 날 정주영은 자신의 집에서 20리 떨어진 곳에 사는 송전소학교 동창 오인보를 찾아갔다. 오인보는 3백석지기 부농의 아들이었다. 소문에 의하면, 그는 일찍 장가를 들었으나 아내가 마음에 들지 않아 늘 가출할 생각만 하고 있다는 것이다.

정주영은 오인보를 찾아가 자신과 함께 집을 나와 서울에 가지 않겠냐고 제의한다. 오인보는 듣던 중 반가운 소리였던지, 즉석에서 당연히 함께 가겠노라고 말했다. 정주영은 가출 자금이 없었으므로 오인보에게 자신의 여비까지 대달라고 부탁하고 급기야 함께 가출을 하게 되었다.

어느덧 완연한 봄이 되었으니 한데서 잠을 자도 얼어 죽을 일은 없었다. 밤이 깊어지자 정주영은 몰래 집을 빠져나와 동구 밖에서 오인보를 기다렸다. 그리고는 뒤도 안 돌아보고 서울행 기차를 냉큼 집어탔다.

그렇게 하여 또 다시 서울 땅을 밟게 됐으나 당장 먹고 살 길이 막연한 건 어쩔 수 없었다. 부잣집 아들인 오인보에게 며칠 동안 얻어먹을 수밖에 없었지만, 어느새 슬슬 눈치도 보이고 더 이상 친구에게 신세지고 싶지 않았다.

어떻게 할 것인가. 무엇을 해서 이 드넓은 서울 천지에서 먹고 살 것인가. 취직자리도 알아봤으나 지천으로 넘치는 것이 실업자였으므로 촌놈일 뿐인 자신을 받아주는 곳은 없었다.

언젠가 인천 부둣가에 가면 할 일이 많다는 소문을 들은 것을 기억한 정주영은 오인보에게 차비 50전을 빌려 무작정 인천으로

1933년 인천부두

내달았다. 인천 부두에는 부두 하역과 같은 잡일이 꽤 있었으므로 정주영 신세와 같은 뜨내기 노동자들이 일거리를 기다리고 있었다. 부두 하역은 외국배에서부터 무거운 짐을 등에 지고 배 위에서부터 육지로 옮기는 일이었다.

말이 상선이지, 15층 고층빌딩 같은 곳에서 등에 쌀가마니나 밀가루 포대 같은 것을 지고 계단을 내려오는 일이었다. 어엿한 젊은이의 몸이라 하더라고 짐이 무거울 때면 척추가 내려앉는 기분이었다. 그때 정주영은 이런 꿈을 가지고 일했다.

'내가 이다음에 돈을 벌면 반드시 조선소를 짓겠다. 내가 등짐을 지었던 저 커다란 배를 꼭 내손으로 만들겠다.'

훗날 그의 결심은 이루어진다. 그것이 현대미포조선, 바로 오늘날 세계 1위의 조선회사인 현대중공업이다. 인천 부두에서 하역 작업을 하던 열아홉 살 청년 정주영의 꿈이 세계 1위의 조선회사를 만든 것이다.

정주영 경영 일화 | 빈대의 교훈

부두 하역 작업의 나날이 계속되었다. 피곤한 하역 작업만큼이나 정주영을 괴롭히던 일이 있었으니, 그 정체는 다름 아닌 빈대였다. 그곳의 노동자 합숙소는 온통 빈대 천지였는데, 몸이 솜처럼 피곤한데도 밤이면 빈대 때문에 도무지 잠을 잘 수가 없었다.

정주영은 어느 날 꾀를 냈다. 이불을 깔고 바닥에서 자면 빈대가 뜯기가 좋기 때문에, 모양새가 좀 웃기긴 하지만 밥상 위에 올라가서 잠을 잔 것이다. 예상대로 역시 빈대가 물지를 못했다.

그러나 그것도 잠시, 빈대는 밥상 다리를 타고 기어 올라와 예의 정주영 살점을 물어뜯기 시작했다. 미물이지만 만만치 않은 놈들이었다. 정주영은 다시 머리를 써서, 밥상 다리 네 개를 물 담은 양재기 네 그릇에 하나씩 담가놓고 잤다. 빈대가 밥상다리를 타려다 양재기 물에 떨어져 익사하도록 하려는 묘안이었다. 역시 빈대는 밥상 다리를 타고 오르다 양재기 물에 떨어져 빠져 죽었다. 그러나 그것도 몇 마리뿐······.

빈대들은 새로운 방법을 강구해냈다. 사람의 피를 빨기 위해 벽을 타고 천장으로 올라간 다음, 누워있는 사람을 목표로 천장에서 정확히 낙하하는 것이었다.

그때 정주영은 번개같이 깨달았다. 하찮은 빈대도 물이 담긴 양재기라는 장애물을 뛰어 넘으려 그토록 전심전력으로 연구하고 필사적으로 노력해서 제 뜻을 이루는데, 하물며 만물의 영장인 인간이 못할 것이 무엇이 있겠는가 하는 깨달음이었다.

뜻을 세우고 최선을 다하면 무엇이든 이룰 수 있다. 정주영이 빈대로부터 얻은 교훈이었다.

정주영의 이러한 빈대로부터의 교훈은 그 후 그의 사업에서 난관이 일을 때마다 위력을 발휘하게 된다. 거북선이 그려진 지폐를 보고 수천만 달러의 조선소 융자를 얻어냈다든지, 한겨울 눈이 덮인 골프장에서 빨간 칠을 한 골프공으로 골프를 쳤다든지, 겨울에 잔디를 구할 수 없자 보리를 떠다 심어 공사를 마쳤다든지 하는 것들이 그것이다.

새벽부터 해가 질 때까지 그렇게 등짐을 지어 날랐지만 밥 세 끼를 먹기 어려웠다. 그나마 간신히 돈을 모아 버텨보려고 했으나 돈은 모이지 않았다. 몇 푼의 돈을 모으면 비가 와서 공을 치거나 여름철 장마가 되어 일을 하지 못했던 것이다. 하는 수 없이 다시 서울로 돌아가기로 했다.

부지런히 서울을 향해 걸었다. 인천을 떠나 소사(오늘날의 부천)쯤 지날 때였는데, 어느 농가에서 품앗이 일꾼을 구한다는 소문을 들었다. 농사는 익숙한 터라 그 집을 찾아가 일을 하겠다고 했다. 태어나서부터 클 때까지 보고 배운 것이 농사였기 때문에 그는 소사의 농가들로부터 인정을 받았다. 결국 이 집 저 집에서 일을 해달라고 서로 그를 불렀고, 한 달 정도 남의 집 농사일을 도와주다보니 제법 돈이 모였다. 그 돈을 가지고 정주영은 다시 서울로 왔다.

일거리 없는 시간이 한동안 지속되다가 마침, 안암동의 보성전문학교 교사 신축공사장에서 막일을 하는 인부를 구하고 있었다. 정주영은 당장 그곳으로 가서 돌과 목재를 나르는 일을 했다. 그것이 바로 오늘날의 고려대학교 본관 신축 건물이다. 그는 본관 신축에 사용되는, 몸무게만큼 큰 견칫돌을 등에 지고 3층까지 힘겹게 날랐다.

훗날 정주영은 고려대학교를 방문할 때마다 본관 신축 건물을 가리키면서 "저건 내가 지은 거야."라면서 껄껄 웃곤 했다.

막노동은 막노동이었다. 하루 벌어 하루 먹고사는 인생이다. 정주영은 뭔가 안정된 직장을 갖고 싶어 틈만 생기면 일정한 월급을 받을 수 있는 직장을 잡으러 돌아다녔다.

용산역 근처에서 우연히 그는 '견습공 모집'이라는 안내문을 보게 된다. 그곳은 엿 공장이었는데 이는 오늘날 동양제과의 전신인 '풍전 엿 공장'이다. 정주영은 다행히 심부름꾼으로 입사할 수 있었다.

품삯은 건축공사장보다 오히려 더 낮긴 했지만, 대신 비가 와도 공치는 날이 없다는 점은 만만치 않은 이점이었으므로 그는 곧바로 취직하여 1년간 일하게 된다. 그래도 돈은 모아지지 않았다. 기술을 배워야 월급이 오를 텐데, 그들은 아무도 정주영에게 기술을 가르쳐주지 않았다. 다시 그는 새로운 일자리를 찾기 위해 여기저기를 떠돌게 되었다.

중구 인현동에 있는 복흥상회라는 쌀 도매상에서 배달원을 모집한다는 이야기를 문득 들었다. 하루에 세 끼 밥을 먹여주고, 월급으로는 쌀 반 가마니를 준다는 조건이었다. 밥을 먹여주니 밥 걱정은 없고, 게다가 한 달에 쌀 반 가마니, 즉 다섯 말을 준다는 말에 귀가 번쩍 뜨였다.

그는 곧장 남대문 근처에 있는 복흥상회를 찾아갔다. 쌀가게 주인은 정주영을 아래위로 훑어본 뒤 한마디 내던진다.

"가랭이가 길구만."

이는 곧 정주영의 기골이 장대해서 힘을 잘 쓸 것처럼 보인다는, 일종의 합격이었다. 복흥상회는 쌀을 자전거로 배달하고 있었으므로 다리가 길어야 자전거를 잘 탈 수 있는 것 아닌가. 그렇게 그는 복흥상회에 취직하게 되고, 이는 밥 세 끼 해결에 월급까지 받을 수 있는 안정된 직장의 첫걸음이 된다.

새벽 3시 30분,
하루의 시작

드디어 정주영에게 안정된 삶이 열린다. 네 번의 가출 끝에 이룬 성공이었다.

정주영은 비록 쌀가게 종업원이었지만 매일 새벽 일찍 일어나 가게 앞을 깨끗이 쓸고 물까지 뿌렸다. 쌀을 계량하는 되질과 말질도 배웠다. 배달이 없을 때면 쌀 창고에 들어가 쌀가마니는 쌀 대로, 잡곡은 잡곡대로 바르게 쌓아놓았다.

당시 정주영이 쌀가게 종업원으로 일하던 복흥상회 인근에는 다른 쌀가게도 여럿 있었는데, 근처인 충무로 1가에만 열여섯 곳의 쌀가게가 있었으며, 충무로 2가에는 여섯 곳, 충무로 3가에 다섯 곳, 충무로 4가에도 다섯 곳이 떡하니 자리하고 있었다. 복흥상회의 경쟁상대는 주로 충무로 1가 지역에 있는 쌀가게들이었다. 말하자면 열여섯 곳의 쌀가게와 경쟁을 하는 입장이었던 것이다.

당시 중구 인현동은 이른바 본정통(혼마치)과 이웃해 있어서 상당히 번창했다. 당시 인현동에만 미쓰코시, 미나카이, 히라다 등 백화점이 세 곳이나 있었으니 말이다. 미쓰코시 백화점은 바로 오늘날의 신세계백화점으로, 이곳 본관 건물은 1930년대 정주영이 쌀가게 점원으로 일하던 그 당시 모습 그대로이다. 물론 최근 크게 증축을 하긴 했지만 얼마 전까지만 해도 신세계백화점을 장식했던 석조 대리석 건물은 정주영이 복흥상회 종업원으로 일하던 1936년에 지어진 모습 그대로 70년간 이어진 것이다.

　그러한 백화점 세 곳을 중심으로 충무로 쪽에는 의복상, 견직물상, 모직물상, 양화점, 화장품 가게 등이 있었고 그 외에도 라디오, 사진기, 축음기를 파는 가게와 다방, 카페, 빵집 등이 줄지어 늘어서 있었다. 당시 이 지역은 주로 일본인 상인들이 거주하였다. 그러나 상인 외에도 경성부청(서울시청)의 직원들 관사가 그곳에 있었고, 제일은행의 사택도 마찬가지로 그곳에 위치했다. 즉 고위 공무원이나 의사, 상인, 교수 등 권력을 가진 사람들이 많이 살았던 지역이 바로 인현동, 오늘날의 충무로 부근이었다.

　당시 중구 인현동 근처는 쌀가게가 워낙 많다 보니 경쟁이 치열했다. 따라서 그 경쟁에서 이기려면 남보다 더 부지런해야 했으므로 정주영은 늘 새벽 3시 30분에 일어났다. 그가 그렇게 일찍 일어난 것은 자신의 부지런한 성격 때문도 있지만, 그보다는 남과의 경쟁에서 지고 싶지 않은 타고난 승부욕이 더 컸을 것이다. 정주영은 눈을 뜨면 쌀과 잡곡을 가득 담은 가마니를 가지런히 정리했다. 요즘으로 말하면 '물류에 대한 개념'이 있었던 것이다. 쌀 창고가 일

목요연하게 정리되어 있어야 급히 배달을 나갈 때 쉽게 쌀이며 보리, 잡곡 등을 찾아낼 수 있기 때문이고, 이는 곧 그렇게 해야만 일의 능률이 오르는 것이 당연했다.

그는 거기서 쌀 배달 외에 한때 부기학원에서 배운 부기 지식을 이용하여 복식부기로 장부 정리도 했다. 정주영이 비록 남의 집 살림이긴 했지만, 최초로 경영이란 것을 배운 장소가 바로 이 복흥상회라고 보는 것이 옳을 것이다. 수많은 경쟁상대의 쌀가게들을 물리치기 위해 비록 점원이었지만 자신이 할 수 있는 한도 내에서는 열심히 머리를 굴리고 몸을 움직였던 것이다.

정주영은 능숙하게 쌀 배달을 나가기 위해 사흘간 자전거 타는 법을 배우기도 했다. 새벽에 일어나 가게 앞을 쓸고, 물을 뿌리고, 쌀 창고에 들어가 창고 정리를 끝냈다. 일이 손에 익다 보니 점차 창고 정리를 모두 마쳤는데도 아직 여명의 기미가 보이지 않는 날도 있었다. 그때 그는 하늘에 대고 이렇게 외쳤다.

"왜 이렇게 해가 늦게 뜨는 거야! 빨리 일하고 싶은데!"

청년 정주영의 부지런함은 이후 성공한 기업가가 된 다음에도 계속 이어진다.

당시 복흥상회에는 여섯 명의 쌀 배달꾼이 있었다. 그들은 모두 복흥상회에서 먹고 자는 같은 처지의 사람들이었는데, 정주영도 물론 이들과 같이 방을 쓰게 되었다. 저녁 7시, 쌀가게가 문을 닫고 나면 배달꾼들은 장기를 두거나 화투를 쳤다. 그러나 정주영은 주위에서 화투를 치든 말든 오로지 혼자 책만 읽었다고 한다. 펄벅의 『대지』, 심훈의 『상록수』 등이 그때 읽었던 책이다.

"다른 일꾼들과는 사뭇 달랐어요. 밤이 되면 항상 책을 붙들고 있었지요."

복홍상회 주인의 딸이자 동갑내기인 이문순 여사(현재 100세)가 청년 정주영을 회고하면서 한 말이다. 정주영이 복홍상회의 쌀가게에 종업원으로 일하고 있을 때, 이문순은 경기여고를 졸업하고 경성사범대학에 다니고 있었다. 그녀의 눈에도 정주영은 여느 쌀 배달꾼과는 달랐으며 또한 이문순의 어머니도 늘 청년 정주영의 성실성과 독서열에 감탄했다고 한다. 워낙 사람 자체가 근면하고 성실했으므로 그의 어머니는 정주영을 끔찍이 위했다.

당시 정주영은 힘이 장사였다고 한다. 쌀가마니를 가볍게 들어 어깨에 얹었고, 쌀 두 가마니 정도는 자전거에 싣고 배달할 정도로 체력이 강했다.

언젠가 정주영이 쌀 두 가마니를 뒤에 싣고 자전거로 배달을 나가게 되었는데, 마침 비가 오는 날이어서 몹시 길이 미끄러웠다. 쌀 두 가마니의 무게는 거의 160킬로그램을 육박했으므로 자전거는 삐뚤빼뚤 움직이며 핸들이 놀기 시작했다 결국 한순간 자전거는 진흙탕에 꼬나 박고 말았다. 쌀의 무게가 무게인지라 넘어지는 충격으로 인해 자전거의 핸들과 앞바퀴가 휘어버리자 정주영은 몹시 난감해 했다. 자전거 한 대의 값은 약 30원이었다. 쌀 한 가마니가 3원 하던 시절이었으므로 이는 곧 쌀 열 가마니에 해당하는 엄청나게 비싼 가격이다.

당시 정주영이 타던 자전거는 일제 시마노 자전거였거나 후지 자전거였을 것이다. 시마노 자전거는 오늘날 세계적인 명성을 가지고 있지만 그 당시에는 설립된 지 불과 10여 년 지난 신생 자전거 회사였다. 당시 한국에는 주로 후지 자전거가 수입되었다. 후지 자전거 중에서 제품명 'hao'가 주로 수입되던 모델이었다. 자전거가 그처럼 비쌌으므로 정주영은 몹시 곤혹스러웠다. 간신히 자전거를 끌고 돌아온 정주영은 주인에게 다가가 조심스레 자신의 실수를 이야기하며 한껏 눈치를 보고 있었다. '곧 불호령이 떨어지겠구나…….' 그런데, 주인은 괜찮다며 대수롭지 않게 대답하는 것이 아닌가. 의아했던 그는 더 이상 묻지 않았지만, 아마 정주영의 평소 성실함 때문에 그런 실수도 눈감아 줄 수 있었던 건 아니었을까

그 무렵 정주영은 아버지에게 편지를 쓴다. 자신이 하루에 밥 세 끼를 먹으면서 동시에 월급으로 쌀 반가마니를 매달 받을 수 있다는 내용이었다. 그 편지를 받은 아버지는 이렇게 답장했다.

"네가 출세를 하긴 한 모양이구나. 한 달에 쌀 반 가마니를 받다니."

그만큼 먹고 살기가 힘들었던 시절이다. 정주영은 복흥상회 쌀가게에서 그렇게 4년이란 시간을 보내게 된다.

당시 쌀가게 주인과 함께

감동 메모 -지금의 감동을 오래 간직해 보세요!

감동 메모 -지금의 감동을 오래 간직해 보세요!

정주영 경영정신 2

"지금의 실패보다 나중의 이익을 생각하라"

나는 젊었을 때부터
새벽에 일어났어
더 많이 일하려고

요령을 피우며 성공을 꿈꾸는 이에게

옆도 뒤도 안 보고 그저 죽자고 일을 했더니
쌀가게 주인이 되었고,
또 정신없이 일만 했더니 건설회사도 만들게 되었고,
그렇게 평생을 살다 보니까 오늘에 이르렀단다.

생애,
첫 주인이 되다

1938년, 정주영은 스물네 살의 청년이 되었다.

바로 그 전 해, 일본은 중국에서 노구교 사건을 일으키면서 전쟁에 돌입했다. 민심은 하루가 다르게 흉흉해졌다. 그 무렵부터 조선의 농민들은 오늘날 만주 지방인 북간도로 넘어갔다. 먹고 살기가 점점 더 어려워지자 '놀고 있는 땅이 많다'는 소문 하나만 믿고 두만강을 건너 너도나도 북간도를 찾은 것이다.

조선에서는 각 도마다 근로보급대가 조직되었고 전국적으로 민방공 훈련이 실시되었다. 근로보급대란 일본의 전쟁지원을 위해 노동력을 바치자는 운동의 하나였다. 조선총독부가 중일전쟁에서 승리하기 위해 안간힘을 쓰고 있던 때라, 이들은 구리나 아연, 주석 등의 사용을 제한하였고 물가위원회를 설치하여 물가를 통제해 나갔다. 한편으로 소설가 춘원 이광수 등 28명에게 사상전향 진술서를 법원에 제출하도록 하여 독립정신을 고취시키는 지식인들에 대한 일대 탄압에 들어갔다.

정주영이 일하고 있던 쌀가게 복흥상회의 주인은 그 무렵 고민이 많았다. 쌀가게를 자신의 아들에게 물려줄 때가 되었으나 하나밖에 없는 외아들은 전형적인 난봉꾼이라 오직 술과 여자에 취해 살 뿐이었다. 그의 외아들은 서울 장안에서 노는 것이 싫증나자 급기야 간도까지 진출해서 주색잡기에 여념이 없었다.

그 사이 정주영은 한때 부기학원을 다녔던 경험을 바탕으로 복흥상회의 회계장부까지 맡을 정도로 주인의 절대적인 신임을 받고 있었다. 쌀가게 주인은 결국 복흥상회를 정주영에게 넘기기로 결심한다. 난봉꾼인 외아들에게 쌀가게를 물려주어봤자 몇 년 안 가망할 것이 분명했기 때문이다.

정주영은 복흥상회의 단골손님과 쌀을 모두 물려받는 대신, 빌려간 쌀은 이자를 쳐서 원금과 함께 갚는다는 조건으로 쌀가게를 물려받게 되었다. 그러나 가게 자체는 인수조건에서 제외되었다.

혈육에게 넘기는 것을 포기하고, 자기가 데리고 있던 일개 직원에게 자신의 가게를 물려주었다는 것은 무척 결정하기 힘든 일이었을 테지만, 그만큼 정주영을 믿었다는 얘기다. 그리고 정주영의 부지런함이 큰 신뢰를 주기도 했겠지만, 복식부기를 사용해가며 장부를 정리하는 그의 모습을 지켜보며 경영 능력에 대한 확신을 가졌던 것이다.

훗날 정주영은 돈 때문에 쩔쩔 매는 사람들을 보면 이렇게 말했다.

"당신이 돈을 빌리지 못해 쩔쩔 매는 것은 신용이 없기 때문이다. 신용만 있으면 돈은 얼마든지 빌릴 수 있다."

복흥상회를 정주영이 물려받게 된 것도 따지고 보면 바로 신용, 즉 믿을 만한 사람이라는 인식이 주인의 머릿속에 있었기 때문이다.

가게 자체는 인수 조건에서 제외되었으므로 정주영은 새로 가게를 얻었다. 그동안 모아 두었던 돈으로 변두리에 가게를 연 것이다. 새 쌀가게는 서울 중구 신당동에 자리하였고, 정주영은 그곳에 '경일상회'라는 간판을 떡하니 걸었다. 이제 그는 엄연한 쌀가게 주인, 다시 말해 '사장'이 된 것이다. 넓고 넓은 세상인 서울 하늘 아래, 처음으로 자기 사업을 시작하게 된 감격은 그야말로 말로 표현할 수 없었다.

1939년경 서울의 거리 모습

이미 거래선을 확보하고 있는 데다, 이젠 직원이 아닌 자신의 사업이었으므로 그는 물불 안 가리고 일에 뛰어들었다. 잘 되지 않을 리가 없었다. 잘 된 정도가 아니라 눈코 뜰 새 없이 바빴다. 정주영은 기존의 거래선 이외에도 배화여고와 홍제동이 있는 서울여상 기숙사까지 고객으로 만들면서 나날이 발전했다.

그 무렵 정주영이 만든 단골손님 중에는 박흥식이라는 사람이 있었다.

그가 누구인가? 화신백화점의 창업주이자 사장인, 당시 한국 최고의 재벌 아닌가. 박흥식[2]이 살던 집은 서울 종로구 가희동에 있었는데, 대지 462평에 연건평이 150평에 이르는 최고급의 2층 양옥이었다. 오늘날에도 이 집은 시가 100억 원이 넘는 것으로 유명하다. 당시 정주영은 그런 대재벌의 집을 단골로 만들어 열심히 쌀 배달을 나갔다.

난생처음 보는 으리으리한 대리석의 2층 대저택을 보며 정주영의 휘둥그레진 눈은 쉽게 작아지지 않았다. 그러면서 쌀 배달꾼 정주영은 이 집을 보며 마음 한편으론 이런 다짐을 하였다.

'언젠가 내가 이 집을 사고야 말겠다.'

놀라운 것은, 그로부터 60년 후인 2000년 3월, 정주영은 결국 그 집을 사게 된다. 꿈을 이룬 것이다. 그가 산 박흥식 소유의 가희동 자택은 현대그룹 본사가 있는 계동 사옥에서 불과 200미터 밖에 떨어져 있지 않아, 회사까지 걸어서 출근하기에 편리하기 때문이기도 했다.

서울의 미곡상으로 하루가 다르게 번창하던 정주영에게 어느 날 비운이 닥친다. 1939년 12월, 조선총독부는 일본이 제 2차 세계대

---

2) **박흥식(1903~1994)** | 평안남도 용강군 출생. 소학교 졸업 후 진남포에서 쌀장사를 시작함. 1924년 고향 용강에서 선광당 인쇄소 경영. 1931년 화신백화점 설립 후 전국에 350개의 연쇄점을 개장함.

전에 돌입함에 따라 쌀의 공급과 배급을 통제하기 시작했다. 일본과 중국이 전쟁으로 치달으면서 조선총독부가 내린 명령이었다. 당시 총독부는 못, 철사, 철판 등 철물로 된 군수물자를 배급·통제하기 시작하더니 이어서 정미소까지 통제했다. 12월부터는 쌀 배급제를 실시하여 전국의 모든 쌀가게가 문을 닫을 수밖에 없었다.

이에 따라 정주영이 운영하던 경일상회도 쌀장사를 할 수 없게 되어 결국 문을 닫게 된다. 정주영이 벅찬 신념으로 시작한 쌀장사는 이렇게 해서 5년간의 추억만 남긴 채 끝나고 만다. 자신의 과오도 아닌 사회의 불합리한 변동으로 인한 것이었다.

그가 훗날 던진 얘기 중에 이런 말이 있다. 기자들이 정주영에게 물었다.

"당신이 세상에서 제일 무서워하는 것이 무엇입니까?"

천하의 정주영이었으므로 무서울 것이 없지 않느냐는 저의가 깔린 물음이었다. 그때 정주영은 이렇게 말했다.

"정변입니다."

1930년 조선총독부의 전시체제령에 따라 쌀가게를 폐쇄하게 된 것도 정변의 하나였고, 또 1961년 5·16혁명으로 한국의 기업들이 부정축재자로 몰리면서 전전긍긍했던 것도 정변의 하나였던 것이다. 1980년 전두환 신군부가 들어오면서 업종통폐합을 실행할 때, 정주영에게 현대양행(오늘날의 한국중공업)을 내놓으라고 했던 것도 정변 중의 하나였다. 기업가는 오랜 기간 동안 사업을 하다 보면 여러 가지 위험에 맞닥뜨리게 되지만, 정주영에게 있어 가장 무섭고도 위험한 존재는 역사의 한 자락으로 남는 '정변'이란 이름의 그것이었다.

시대가 변하면
사업도 변한다

경일상회를 정리하고 나니 그의 수중에는 1,050원의 돈이 남았다. 당시 1,050원이면 대학을 졸업한 은행원의 15개월치 봉급에 해당한다.

정주영은 우선 강원도 통천 고향으로 갔다. 고향을 떠나 서울로 올라온 지 딱 7년 만의 일이었다. 쌀가게를 해서 번 돈으로 우선 아버지에게 논 2천여 평을 사드리고, 또 농사자금에 보태라고 현금도 얼마간 건네 드렸다.

장남을 대견스레 바라보던 아버지는 어서 빨리 장가를 들어 어엿한 가장으로 살기를 바라는 마음이 간절했다.

한편 아산리 구장의 딸이었던 변중석이라는 처자는 어느 날 밤 어머니로부터 "너 서울서 선보러 왔다."라는 말을 듣고 깜짝 놀란다. 열여섯 먹은 변중석은 동짓달을 쳐다보며 두근거리는 가슴을 달랬다.

정주영과 변중석의 첫 만남은 재미있게도 어른들과 함께 한 자리가 아니라, 깜깜한 밤중에 둘만의 만남으로 이루어졌다. 머리를 길게 땋고 댕기를 드린 변중석은 약속된 방에 조용히 문을 열고 들어갔다. 등잔불이 켜진 방에는 정주영이 말없이 앉아 기다리고 있었다. 부끄러웠던 변중석은 자리에 앉지 못하고 한참을 우두커니 서 있기만 했다. 이날 정주영은 아내가 될 변중석의 뒷모습만 보고 결혼을 결심하게 된다.

변중석의 큰오빠와 정주영은 송전소학교 동창지간이라, 그녀의 큰오빠는 두말 할 것도 없이 여동생을 정주영에게 주자고 어머니를 채근했다. 판단이 잘 서지 않았던 그녀의 어머니는 결국 "에이, 니 마음대로 해라." 하고 운을 떼었고, 그 한 마디로 혼사는 금세 결정이 되었다.

기분이 좋아진 정주영은 그 길로 한달음에 나가 메밀국수를 푸짐하게 사 와서는 동네 사람들에게 대접했다. 변종석이 살짝 곁눈질로 보니 당시 정주영은 키가 크고 뚱뚱하고 미남이었다고 한다. 서울에서 제법 돈을 벌어서인지 먹고살 만했던 정주영은 젊은 날 체격이 꽤 당당하고 우람했는데, 그런 모습이 어린 처녀인 변중석에게는 뚱뚱하게 비춰졌던 것 같다.

두 사람은 그 이듬해에 결혼했다. 눈이 많이 오던 날이었다. 본래 장가가는 날은 당나귀를 타고 오기 마련이었는데, 그 날은 눈이 많이 와서 당나귀를 타지 못하고 도리어 손으로 끌면서 걸어왔다.

정주영과 변중석은 서울 서대문구 현저동 산비탈에서 신혼살림을 시작한다. 과거 서대문 형무소가 내려다보이는 언덕배기였다. 판잣집이나 다름없는 열 평짜리 작은 집이었지만 그래도 엄연한 정주영 자신의 집이었다. 집을 지니고 살다보니 그의 집에는 시골의 동생들이 하나 둘씩 찾아들었다.

부인 변중석은 어린 시동생들을 데리고 생활에 보탬이 되기 위해 쌀도 팔고 두부도 만들어 팔았다. 부부는 열심히 일했다. 그 덕분으로 살림살이가 늘어나자 신설동 탑골승방 근처의 한옥을 사서 이사를 했다. 그러자 고향에서 부모님까지 올라와 정주영 일가는 20여 명의 대가족이 된다. 식구가 너무 많다 보니 다시 돈암동의 제법 큰 20여 평의 한옥을 사서 옮기게 된다.

정주영은 자동차가 쌩쌩 굴러다니는 서울 시내를 쏘다녔다. '뭔가 새로운 사업거리가 없을까?' 하고 찾아다니는 중이었다. 돈 있는 사람들은 미국제 세단 자동차를 타고 다녔고, 목탄 자동차도 서울 시내에 제법 굴러다니고 있었다.

가지고 있는 돈이 별로 남지 않은 정주영은 돈이 없으니 소규모 자본으로 시작할 수 있는 사업을 찾아야만 했다. 골똘히 생각에 빠져 서울 시내를 여기저기 돌아다니던 어느 날, 우연히 길거리에서 쌀가게 경일상회 때의 단골이었던 이을학이라는 사람을 만났다. 이을학은 경성서비스공장의 직공인데, 당시 경성서비스공장은 자동차 수리공장으로서는 서울에서 제일 큰 회사였다.

이을학이 말하기를 아현동 고개 근처에 아도서비스라는 자동차 수리공장이 마침 매물로 나왔는데, 그것을 사서 한번 운영해보라고 권했다. 귀가 솔깃했으나 자동차 수리공장을 인수할 만한 돈이 없었다. 전차값 5전을 아끼기 위해 걸어 다니고 있는 처지가 아니었던가. 더구나 정주영은 자동차에 대해서는 아는 것이 하나도 없었다.

하지만 이을학은 자동차 수리야말로 큰돈 안 들이고 목돈을 벌수 있는 사업이라고 그를 부추겼다. 자동차 수리공장만 인수하면 일할 수 있는 기술자는 자신이 데리고 오겠다고 약속하기까지 했다. 정주영은 잠시 고민에 빠졌다. 자기 자신은 자동차에 대해 잘 모르긴 하나 자동차 수리를 할 수 있는 직원들만 있다면 못할 것도 없었다. 훗날 정주영은 자신의 자서전에서 '나는 자동차의 구조를 잘 몰랐다'고 하였으나, 생각해보면 그가 몰랐던 것은 자동차의 구조일 뿐, 곧 자동차의 시대가 온다는 것을 몰랐을 리 없다.

1945년 해방 당시, 우리나라에는 승용차, 화물차, 버스 등을 합해 모두 7,386대의 차량이 굴러다녔고, 그 중 70~80퍼센트는 서울 거리를 누비고 있었다. 더구나 해방 무렵 서울에는 54개의 택시업자가 949대의 택시를 운행하고 있을 정도였다. 버스 또한 1930년대부터 주요 교통수단으로 영업을 하고 있었다. 추정컨대 서울시내에 4,000대 정도의 차량이 운행 중이었으므로 정주영은 그 모습을 보면서 머지않아 자동차의 시대가 온다는 것을 직감했을 것이다.

참고로 1940년도 서울의 교통수단에 관한 현황을 찾을 수 없어 1932년도 서울의 교통수단 통계를 인용한다. 당시 자동차는 총 4,808대였고 인력거는 2,733대였으며, 소가 끄는 달구지가 11만 1,676대였고, 말이 끄는 수레가 3,363대였다. 자동차보다는 주로 소와 말이 끄는 수레에 의존해서 물건을 운반하던 시절이었다.

문제는 돈이었다. 아도서비스를 인수하기 위해서는 3,500원이라는 큰돈이 필요했던 것이다. 고민 끝에 정주영은 오윤근 영감을 찾아간다. 삼창정미소 주인인 알짜부자 오윤근은 쌀가게 시절 정주영에게 쌀을 대주던 사람이었는데, 돈이 무척 많았던 그는 쌀을 대주는 일 외에도 이자돈을 굴리며 재산을 불리고 있었다. 당시 정주영은 오윤근 영감으로부터 쌀을 외상으로 받아다가 팔곤 했는데, 단 한 번도 외상값 갚을 날짜를 어긴 적이 없었다.

정주영이 오윤근을 찾아가, 자동차 수리공장을 인수하려고 하는데 돈을 빌려줄 수 있겠느냐고 조심스레 물었다. 그러자 오윤근은 잠시의 생각할 시간도 두지 않고 곧바로 3,000원을 내놓았다. 정주영의 신용을 믿고 내준 것이다. 오윤근 영감으로부터 어렵지 않게 돈을 빌린 정주영은 주변의 친구들로부터 돈을 조금씩 더 빌려서 5,000원이라는 거금을 만들었다.

1940년 2월 1일, 5,000원의 돈을 전부 투자한 정주영은 마침내 아도서비스를 인수했다. 이중에서 정주영 자신이 댄 돈은 인수금의 10퍼센트인 단 500원뿐이었고, 나머지 4,500원은 고스란히 빚이었다.

정주영은 이토록 큰 부담을 가득 떠안고도 왜 굳이 남의 빚으로 사업을 시작하려 했을까?

그는 복흥상회 시절에 자전거로 쌀 배달을 했던 경험이 있다. 시골에서는 소달구지에 쌀을 싣고 다녔으나, 서울에서는 자전거로 배달을 다니고 있었던 것이다. 세상이 소달구지에서 자전거, 자전거에서 오토바이, 다시 오토바이에서 자동차로 진행되고 있다는 것은 웬만한 사람이라면 눈치 챌 수 있는 점이다. 그렇지 않고서야 인수금의 90퍼센트나 되는 4,500원이라는 큰 빚을 지면서까지 무모하게 자동차 서비스공장을 차렸을 리 없다.

다시 말해 정주영은 자전거로 쌀 배달을 하다가 자동차 수리공장을 경영했고, 다시 훗날 현대자동차를 세우게 되는데, 이러한 사실은 일본 경영의 '3대 신' 중에 한 사람인 혼다자동차의 창업주 혼다 소이치로와 상당히 유사하다.

혼다 역시 어린 시절 자전거포에서 수리공으로 일하다가 16세 때인 1922년 도쿄로 가서 자동차 수리를 배웠다. 그리고 22세 때에는 자동차 수리공장을 차렸고, 나중에는 혼다오토바이, 혼다자동차를 생산하는 세계적인 대기업을 만들었다. 묘하게도 두 사람이 걸은 길이 무척 흡사한데, 이는 어쩌면 당시의 상황이 요구하는 자연적인 흐름이었는지도 모른다. 자전거 시대 다음에 자동차의 시대가 온다는 것은 이미 일본에서 증명이 되었고, 그쪽에서도 혼다와 같은 기업가가 나오고 있었던 것이다.

다른 공장보다
더 빨리, 더 싸게

정주영이 자동차 수리공장을 인수하자마자 '일본질소광업'이라
는 회사에서 두 대의 트럭을 고쳐달라고 맡겨왔다. 문을 열자마자
일거리가 들어온 것이다. 며칠 후에는 트럭이 강물에 빠졌다며 손
을 봐달라는 일거리가 들어왔다. 이어서 당시의 권력가였던 윤덕영
이 미국제 올즈모빌[3] 승용차 한 대를 고쳐달라고 정주영의 수리공
장을 찾아왔다.

윤덕영은 순종 황후인 윤 씨의 큰아버지로, 일제하 조선의 대부
호였다. 그는 서울 종로구 옥인동에 아방궁으로 불리는 서양 로마

---

3) **올즈모빌(Oldsmobile)** | 제너럴 모터스가 만든 자동차의 한 종류로, 1920년 크롬을 최초로 사용
   하여 만들었고 1940년에는 자동변속기를 장착하였으며, 1974년 에어백을 세계 최초로 장착
   하는 등 미국의 베스트셀러 자동차 중의 하나였다. 2004년부터는 제조가 중지되었다. 올즈모
   빌은 미국대중음악의 소재로도 많이 쓰여, 1905년 〈In my merry oldsmobile〉, 97년 〈455
   rocket〉 등의 노래가 있다.

네스크 양식인 2층짜리 대리석 호화주택을 짓고 살면서 당시 조선의 양대 은행으로 꼽히는 해동은행을 설립, 은행장으로 취임하였다. 그는 조선팔도 내의 20대 재벌 가운데 18번째의 거부로 손꼽히기도 했는데, 당시 부자의 대명사였던 박영효나 윤치영보다 훨씬 더 돈이 많았을 뿐만 아니라 화신백화점 사장인 박흥식보다도 더 부자였다.

참고로 당시 조선에서의 10대 부호를 보면, 1위는 민대식이었다. 친일파였던 민영휘의 상속인인 민대식은 1933년 일제에 무기를 헌납하기도 하는 등 대표적인 친일파였다. 그는 전국에 수백만 평에 달하는 부동산을 가지고 있었는데 2005년 그의 후손이 충북에서 13만 6,000평의 땅을 되찾아간 것으로 유명해진 바 있다.

2위의 조선부호는 임종상으로, 그에 관한 정보는 현재 남아있는 것이 없다. 다만 지난번 친일파 청산법 발표 시 친일인사 1차 명단 3,095명 중에서 전쟁협력 혐의로 리스트에 올라와 있을 뿐이다. 3위의 민규식은 앞서 거론한 민영휘의 둘째 아들로 영국 유학의 경험이 있으며, 1942년 동일은행 회장을 역임한 후 조흥은행 발족 시에는 초대 은행장을 역임하였다. 부호 4위는 동아일보 설립자인 인촌 김성수의 동생이자 전북의 대지주였던 김연수이다.

그 뒤로 동덕여학단 설립자 이석구, 민영휘의 또 다른 아들인 민병도, 정확한 출신을 알 수 없는 김성식, 고미술 수집가로 유명한 간송 전형필, 용인 태성학원 설립자 이병묵, 전주의 미곡상 출신이었던 박영철 등이 부호의 순위를 잇고 있다.

정주영의 수리공장을 찾은 윤덕영도 바로 그러한 부호의 반열에 있었다. 그러나 훗날 윤덕영은 그 많던 돈을 모조리 날리고 만주를 떠도는 유랑인 신세가 된다.

문을 열자마자 윤덕영의 올즈모빌 자동차 수리와 같은 엄청난 일거리가 들어오니 정주영의 기분은 날아갈 듯했다. 밤늦도록 일하면서도 다음날 아침은 여지없이 일찍 눈을 떠 곧바로 출근했다. 사장이 새벽같이 출근했으므로 직원들 또한 게으름을 피울 수가 없었다.

그 시절 개인이 소유한 자가용은 육영수 여사의 부친인 충북 옥천의 대지주 육종관과 공주의 갑부 김갑순 등 불과 몇 명만 가지고 있었다. 정주영은 자동차 수리공장을 하면서 '헤도라이토', '룸라이토', '시드', '쪼인트', '후론토', '휀다', '기아' 등등의 영어를 배웠고, 이외에도 카탈로그에 나오는 자동차 부속 이름을 모조리 외워버렸다.

어느 날이었다. 정주영은 두 인부와 함께 밤이 늦도록 자동차 도색작업을 했다. 일이 끝나고 직원 두 사람은 집으로 돌아갔고, 정주영은 숙직실에서 잠이 들었다. 밤새 타고 있던 화덕의 불은 가물거리고 있었고, 새벽에 일어난 정주영은 세수할 물을 데우려 불을 피우기 위해 화덕에 시너를 조금 부었다. 그 순간 화악, 하고 불길이 일었다. 불길은 시너 통까지 옮겨 붙었고, 놀란 정주영은 당황하여 그 통을 떨어뜨리고 말았다.

화덕 전체가 화염에 휩싸였고, 불길은 수리를 하기 위해 세워둔 자동차에까지 번졌다. 순식간의 일이었다. 자동차와 휘발유는 불가분의 관계이므로 금세 불씨가 튀자 불이 붙는 건 시간 문제였다. 어떻게 손을 써 볼 도리가 없었다. 목조 건물인 데다 오랫동안 기름에 절어 있었던 공장은 순식간에 불바다가 되었다. 네 대의 트럭 모두와 승용차 올즈모빌까지도 불길에 싸였다. 결국 불길은 자동차를 태우고 공장마저 완전히 태운 후에 간신히 꺼졌다. 환장할 노릇이었다.

당시 트럭 한 대 값은 웬만한 집 세 채 값과 맞먹었다. 게다가 세력가였던 윤덕영의 미제 승용차 올즈모빌은 덩실한 기와집 몇 채 값에 해당했다. 겨우 남의 돈을 빌려 사업을 시작했는데, 돈을 벌기는커녕 수리를 해달라고 맡겨놓은 자동차 값을 모조리 물어주어야 할 판이었다. 빚을 내서 시작한 사업인데 그 위에 또 감당하지 못할 빚이 생긴 셈이다.

정주영은 고민에 빠졌다.

뾰족한 수가 없어 하는 수 없이 정주영은 이미 3,000원을 빌려주었던 오윤근 영감을 다시 찾아갔다. 오윤근은 정주영의 눈을 빤히 바라보더니 이렇게 말했다.

"내 평생에 사람 잘못 보아 돈 떼였다는 오점을 남기고 싶진 않으니, 다시 더 빌려주겠네."

그러면서 또 한 번 3,500원이라는 거금을 선뜻 내놓았다. 오윤근 영감은 평생 동안 수백 명에게 돈을 빌려주었는데 단 한 번도 돈을 떼인 적이 없는 관상의 달인이었다. 그는 그것을 늘 평생의 자랑거리로 여겼는데, 이번 경우에도 정주영의 신용을 믿고 돈을 빌려준 것이다.

정주영은 이 돈 3,500원으로 다시 아현동의 아도서비스공장을 재건할 생각이었다. 그러나 한 번 불이 나서인지 조선총독부는 공장의 허가를 내주지 않았다. 하는 수 없이 신설동으로 공장을 옮기게 된다.

논과 밭만 가득한 시골이나 다름없었던 신설동에, 정주영은 두어 평짜리 정비소와 대장간 하나를 만들어 자동차 수리를 다시 시작했다. 시설은 엉성했는데도 이상하게 손님들이 줄을 서서 찾아왔다. 당시 서울에는 을지로6가의 경성서비스, 혜화동의 경성공업사, 종로5가의 일진공작소 등 제법 큰 규모의 자동차 수리공장이 있었는데도 불구하고 정주영의 공장에만 유독 일감이 몰렸다.

하지만 이는 그리 이상한 일만도 아니다. 정주영은 규모가 큰 정비소에서 열흘이 걸려 수리할 자동차를 단 사흘 만에 고쳐주었기 때문이다. 규모가 큰 자동차 공업사들은 간단한 고장도 아주 고치기 어려운 것처럼 엄살을 부려 시간을 질질 끈 후 수리비를 많이 받아내는 수법으로 손님들에게 바가지를 씌우고 있었다. 그러나 정주영은 남들보다 훨씬 빠른 시간 내에 성실하게 자동차를 고쳐주었으므로 그 신용이 날로 높아졌던 것이다.

자동차를 수리하면서 정주영은 직원들과 24시간 똑같이 먹고 자며 일했다. 잠이야 집에 가서 잤지만 잠자는 시간을 빼고는 새벽부터 밤까지 공장에 나와 일했던 것이다. 공장의 기술자들과 자동차 수리를 같이 하다 보니 자동차의 구조가 서서히 보이기 시작했다. 그들이 말하는 자동차 부품 이름을 귀담아두었다가 그것을 하나씩 외워갔다. 불과 몇 달이 안 되어 그는 자동차의 구조와 부품을 거의 완벽하게 외울 수 있는 경지에까지 이르렀다.

아도서비스 공장은 개업 후 3년 동안 장사가 아주 잘 되어, 오윤근 영감에게서 빌린 총 6500원의 돈을 원금은 물론 이자까지 깨끗하게 갚을 수 있었다. 그 시절 공장 종업원은 60여 명이나 되었지만 정주영 가족의 생활은 지독했다. 아침밥은 김치 하나에 국 한 그릇이 전부였고 그 이상 먹으면 날벼락이 떨어졌다. 생활비도 부인에게 꼭 쓸 만큼만 갖다 주는 등 악착같이 돈을 모았다. 정주영은 생각했다.

'이제 좀 더 고생하면 이보다는 훨씬 큰 자동차 수리공장을 할 수 있겠구나.'

'새옹지마'라는 법칙

때는 1943년으로 접어들고 있었다.

2차 세계대전이 날로 격화되어 갈수록 일제는 전쟁에 더더욱 광분하였다. 조선의 아리따운 처녀들을 정신대라는 이름으로 수천 명을 뽑아 전쟁터에 위안부로 내보내기 시작했다. 또한 노동력이 달리자 3월에 징병제를 공포한 뒤 8월 1일부터 시행하여 사람을 더 많이 전쟁터로 끌고 갔다. 그들은 사이판이나 동남아 등지로 끌려 나가 강제노동에 시달리다가 처절히 생을 마감하는 경우가 많았다.

또 일제는 집회나 결사를 함부로 할 수 없도록 임시보안법을 만들어 철저하게 조선국민을 통제해 나갔다. 10월 20일, 학생들에게는 징병을 유예하던 제도를 완전 폐지하고 나이가 어린 학생이라도 군대에 들어갈 수 있도록 학병제를 만들어 학병징병검사를 실시해 나갔다. 또 토요일에는 반나절만 일하던 것을 폐지하고 토요일도 하루종일 일하도록 방침을 바꿨다. 이 모두 전쟁이 날로 격화되어 가는 것에 대한 불안 때문이었다. 11월에는 부산과 시모노세키를 오가던 연락선 곤륜환이 미국 잠수함에 의해서 격침되었는데 이 사고로 한국인 544명이 현장에서 사망했다.

나라가 그처럼 흉흉한 때에 정주영에게도 어느 날 날벼락이 떨어진다. 일본 정부가 기업정비령을 내린 것이다. 기업정비령이란 일본이 미국에 대해 태평양전쟁을 일으키면서 모든 기업을 군수물자 생산체제로 바꾸기 위한 것이었다.

정주영에게 총독부로부터 통지서 한 장이 날아왔다. 아도서비스를 종로에 있는 일진공작소에 강제로 흡수 합병한다는 요지였다. 날벼락이 떨어진 것이다. 죽기 살기로 부지런히 일해 이제 돈을 좀 버는가 싶었는데 가게를 통째로 빼앗기게 됐으니 말이다.

정주영은 낙담했다. 어떻게 할 것인가. 전쟁의 한복판에서 개인은 너무나 무력한 존재일 뿐이었다.

정주영은 하는 수 없이 손을 떼기로 결심하고 아도서비스의 청산절차에 들어갔다. 그동안 열심히 일한 덕분에 상당한 자금이 남았다. 이 자금을 바탕으로 하여 그는 곧 보광광업주식회사라는 회사와 하청계약을 맺었다.

보광광업주식회사는 식산은행(오늘날의 산업은행) 총재의 아들이 경영하던 회사였는데, 그 회사로부터 정주영이 맡은 일은 황해도 수안군에 있는 홀동 광산의 광석을 평안남도 진남포에 있는 제련소까지 운반하는 일이었다. 정주영은 그 일을 맡기 위해서 보증금 3

만 원을 걸고 새 트럭 스무 대와 헌 트럭 열 대를 샀다. 광석을 운반하기 위해서였다.

홀동 광산은 수안군의 북쪽에 있는 언진산 기슭에 있었다. 1900년도에 이근필이라는 사람이 거기서 금과 은을 발견하여 광산을 시작했고, 1910년에는 일제가 조선을 강점함에 따라 일본광업주식회사로 넘어갔다가 다시 보광광업주식회사로 넘겨진 것이다. 이 광산에서는 연간 약 158킬로그램 정도의 금과 52킬로그램의 은이 산출되고 있었고, 약간의 구리도 나왔다. 당시 홀동 광산은 언진산의 남쪽 기슭에 있던 수안 광산과 더불어 조선 굴지의 광산 중 하나였다.

홀동 광산에서부터 진남포 제련소까지의 거리는 130킬로미터, 그다지 먼 거리는 아니었지만 그 중간에는 높은 산들이 버티고 있는 데다 비포장도로여서 광석을 운반하는 일이 쉽지 않았다. 털털거리는 산길을 달리느라 트럭은 하루가 멀다 하고 고장이 났다.

게다가 진남포 제련소 소장은 정주영을 볼 때마다 끊임없이 잔소리를 퍼부어댔다. '왜 광석을 그렇게 길바닥에 흘리고 다니느냐?' '트럭에 광석을 일정하게 실어야지, 왜 그렇게 많이 실었다 적게 실었다 하느냐?' 등등이었다. 제련소 소장이 만날 때마다 생트집을 잡은 이유는 그 속내가 따로 있었는데, 다름 아닌 자신의 친구에게 사업을 넘기기 위해서였다. 그러니 정주영으로서는 참을 수밖에 없었다. 광석 운반사업이라도 하지 않으면 징용으로 끌려나가야 했기 때문에 그는 갖은 모욕과 수모를 참으며 2년 5개월 동안 묵묵히 그 일만 했다. 그러나 더 이상 견디기가 어려웠다. 결국 진남포 제련소 소장의 친구에게 자신의 트럭을 전부 인수한다는 계약 아래 급기야 회사를 처분하기로 하였다.

사업은 정리되었고, 그의 수중에는 5만여 원의 돈이 남았다. 정주영은 그 돈을 가지고 가족과 함께 고향으로 돌아가 그곳에서 얼마간 조용히 머리나 식히며 살 생각이었다. 1945년 5월의 일이다.

고향에 안착한 정주영은 몇 달 동안 모처럼 머리도 식히며 그간 힘들었던 심신을 달랬다. 꿈과 같은 시간이 얼마나 흘렀을까. 어느 날 갑자기 마을 사람들이 함성을 지르며 뛰어다니는 것이 보였다. 손에 태극기를 들고 뛰어다니는 사람들의 입에서 '해방'이라는 단어가 들려왔다.

후에 깨달은 바지만, 정주영으로서는 광석 운반사업을 미리 처분한 것이 천만다행이었다. 떠날 때는 가슴이 찢어질 듯한 심정이었으나 돈에 미련을 버리지 못하고 몇 개월을 더 뭉그적거렸으면 해방을 맞아 전 재산을 몽땅 날리게 되었을 것이 뻔하다.

인생사는 새옹지마인가. 문득 그런 생각이 들었다.

감동 메모 -지금의 감동을 오래 간직해 보세요!

....

....

....

....

....

....

....

....

....

....

....

....

....

....

....

....

....

....

감동 메모 -지금의 감동을 오래 간직해 보세요!

정주영 경영정신 3

"기업가는 신뢰를 잃으면 모든 것이 끝이다"

신용을 잃으면
그걸로 끝이야

작은 약속이라고 자주 어기는 이에게

나에게 가장 큰 자산은 신용이었단다.
작든 크든 약속은 꼭 지켜라

돈이 어디로 흐르는지 보라

1948년 대한민국 정부가 수립되었다. 새로 태어난 대한민국은 1인당 국민소득 67달러였으며, 외환보유고는 겨우 2,680만 달러였고, 총 무역액수는 3,200만 달러에 불과했다. 당시 실업자는 79만 8,000명으로 11.3퍼센트나 되는 실업률을 기록하였다. 통계상으로 보면 10명 중에 한 명은 놀고 있는 셈이지만, 실제로 따져보면 집안의 가장 2명당 1명이 놀고 있다는 결과였다.

당시 자동차는 총 1만 4,700여 대였고, 남한의 인구는 2,002만 명이었다. 1948년도 대한민국 정부는 2,230만 달러어치의 국산품을 수출했으나, 수입은 그 열 배에 가까운 2억 800만 달러나 되었다.

한국정부의 수립은 우리나라에 민족기업을 마련하는 발판이 되기도 했다. 일제시대에 한국인이 경영하던 기업은 김연수의 경성방직, 박흥식의 화신백화점, 이종만의 대동광업 등이 고작이었지만 해방이 되자 많은 국내 기업인들이 새로운 사업을 일으켰다.

미도파의 전신인 대농의 박용학이 강원도 통천에서 간장공장을 경영하다가 서울로 내려왔다. 신동아그룹의 창업주 최성모는 황해도 사리원에서 정미소를 경영하다 서울로 내려와 고무공업회사를 열었다. 코오롱그룹의 이원만은 일본에서 '아사히카사히 공예'라는 모자공장을 하다가 귀국해서 경북기업이라는 섬유회사를 열었다. 쌍용그룹의 김성곤 또한 안양에서 금성방직을 창업했다.

LG그룹의 구인회는 부산에 조선흥업사를 설립하여 화학공업에 뛰어들었으며, 삼성그룹의 이병철은 서울 종로2가에 삼성물산공사를 차렸으며 오리온그룹의 이양구는 서소문에 오리온제과의 전신인 동양식품회사를 차렸다. 부산에서는 김지태가 조선견직을 창업했고, 양태진이 훗날 국제그룹이 되는 국제상사를 창업했으며, 장경호가 동국제강을, 정태성이 합판으로 유명한 성창기업을, 김인득이 벽산건설을, 강석진이 동명목재를 창업했다.

자고 일어나면 한국의 기업가들이 회사를 하나씩 차리던 시대이다.

무엇을 할 것인가. 정주영도 궁리를 하기 시작했다. 이리저리 머리를 굴려도 우선은 자신이 가장 잘 아는 자동차 수리 분야로 다시 뛰어드는 것이 가장 낫겠다는 결론을 내렸다.

1949년 4월, 중구 초동 106번지(오늘날의 충무로 명보극장 자리)에 '현대자동차공업사'라는 간판을 걸었다. 창업 동지로는 매제인 김영주[4]

---

4) **김영주(1920~)** | 현대건설 전무 및 부사장을 거쳐 1973년 현대중공업 부사장이 됨. 1974년 금강개발 사장 취임. 1976년 현대중공업 사장. 1982년 한국프랜지공업 회장 취임. 현재 한국프랜지공업 명예회장

와 고향친구 오인보, 최기호가 참여했다. 오인보는 젊은 날 정주영과 함께 강원도 통천에서 서울로 무작정 가출하던 3백석지기 농사꾼의 아들이다.

오늘날의 '현대'라는 상호가 최초로 등장한 것이 이 때이다. 회사이름을 예전의 아도자동차서비스로 하지 않고 현대자동차공업사로 지은 것은, 우리나라도 해방이 되었으니 '현대를 지향해서 발전된 미래를 살아보자'라는 뜻으로 만들었다고 한다.

현대자동차공업사의 첫 번째 일은 미국 병기청에 가서 엔진을 바꾸어 다는 일이었다. 별로 어려운 일은 아니었지만, 이윤도 많지 않아 1년 정도만 하다 말았다.

주변을 훑어보니 그보다 더 돈이 되는 일이 있었다. 고물이 된 일제 자동차를 사서 개조하는 일이 그것이었다. 1.5톤짜리 고물트럭을 사다가 자동차 화물칸의 중간부분을 잘라 2.5톤으로 규모를 키우는 일이었다. 말하자면 트럭을 고무줄처럼 늘리는 것이다. 물론 낡은 자동차 부품이나 엔진도 말끔하게 고쳐 팔았다. 뭐든지 하면 잘 되는 시대였으므로 이 아이디어는 손님들에게 잘 먹혀들어갔고, 정주영은 신바람나게 일할 수 있었다.

어느 날 정주영은 자동차 수리대금을 받기 위해 관청에 들를 일이 있었는데, 사람들이 북적이는 것을 목격하고는 그쪽으로 가보니 돈을 받으러 온 업자들이 복도에 장사진을 이루고 있었다. 알아보니 토목이나 건축을 하는 건설업자들이었던 것이다. 그들은 경리 창구에서 수천 원씩의 대금을 받아갔다.

이를 본 정주영은 갑자기 정신이 번쩍 드는 기분이었다. 자신도 새벽부터 한밤중까지 밤잠을 줄여가면서 열심히 일하고 있는데, 이들 건설업자들이 받아가는 돈은 자신의 수십 배가 아닌가. '사람이 똑같이 열심히 노력해서 돈을 버는데 누구는 저렇게 많은 돈을 받아가는구나.' 하는 자괴감이 든 것이다.

관청에서 나오자마자 정주영은 동업자들에게 간판을 하나 더 달자고 제의했다. 동업자인 매제 김영주와 친구 오인보가 그게 무슨 난데없는 소리냐며 눈을 동그랗게 떴다. 돈이 되는 건설업에 우리라고 못 뛰어들 이유가 없다며 동업자들을 설득하는 정주영 앞에, 친구 오인보와 매제 김영주는 근심스런 표정으로 도리질을 했다.

"자본이나 경험도 없는 우리가 그런 사업에 뛰어든다는 것은 너무 무모하지 않겠느냐."

그도 그럴 것이, 당시 우리나라 토건업계는 미 군정청 측으로부터 발주되는 공사가 거의 전부였다. 미 군정청이란 서울에 파견되어 있던 하지 중장을 비롯한 미국 측 관리들을 말한다. 그들은 한국의 교량이나 도로, 철도, 관공서 건물 등 반드시 복구해야 할 건축토목공사를 발주하고 있었다. 그들이 발주하는 공사를 따내기 위해 전국에는 3,000여 개가 넘는 군소업자들이 난립하여 치열한 수주경쟁을 벌이고 있었던 것이다.

그러나 정주영은 결코 무모하다고 생각하지 않았다. 그에게 건설업이나 토목업은 낯선 일이 아니었다. 철로 공사판에서, 한때는 고려대학교 건물 신축공사현장에서도 일해 본 정주영이 아니었던가. 그리고 토건업이 별 것인가. 견적 넣어서 계약하고 집이든 다리든 건물이든 만들어주면 되는 것이 아닌가.

고려대학교 본관 신축 공사

　동업자들도 정주영의 고집을 말릴 수 없었다. 건설업자들이 관청에서 더 많은 돈을 가져가는 것을 목격한 뒤 그날로 토건회사 간판을 하나 더 달았다는 정주영의 토건사업 계기는 일견 코믹해 보이지만, 그는 돈이 어느 곳에 몰려 있는가를 재빨리 파악하고, 어떻게 벌 수 있는가를 본능적으로 냄새 맡을 줄 아는 직관적인 기업인이다.

　훗날 현대는 새로운 사업을 시작할 때에도, 일단 사업을 벌여놓고 난 뒤 돈을 벌어나가는 방식을 취했다. 요즘으로 말하면 스피드 경영이다. 즉 상황판단이 빠르고 거기에 대한 추진력이 빠르다는 것이 오늘날 현대그룹의 장점이다. 먼 훗날의 이야기지만, 현대는 전쟁이 한창 중인 월남의 공사판에서 박격포탄이 밤하늘을 가르는 데에서도 일을 해서 달러를 벌어들였다. 또 사우디아라비아의 60도에 이르는 무시무시한 더위 속에서도 과감한 기업정신으로 공사를 밀어붙였다. 정주영은 그날로 현대자동차공업사 간판 옆에 '현대토건사'라는 간판을 하나 더 달았다. 벌써 이때부터 그룹회사로 진행되는 형국이었다. 훗날 정주영은 이렇게 술회한다.

"무슨 일이든 간에 된다는 확신 90퍼센트와 반드시 되게 할 수 있다는 자신감 10퍼센트만 있으면 무슨 일이든 다 된다. 나는 '안 된다'는 식의 생각을 단 1퍼센트도 해본 적이 없다."

일단 건설을 전문으로 하는 토건업자가 필요했다. 기술자가 있어야 일을 벌여도 벌일 수 있지 않은가.

우선 공업학교에서 건설·토목을 가르치던 교사 한 사람을 영입했다. 그리고 그 밑에 기능공 10명을 뽑았다. 그날부터 정주영은 미 군정청 건물을 문턱이 닳도록 드나들었다. '현대토건사 사장 정주영'이라고 명함을 찍어 이를 미 군정청 관리들에게 부지런히 돌리면서 만날 때마다 고개 숙여 인사했다.

처음엔 관청 내부수리로 마루 공사와 같은 간단한 작업만을 따냈으나, 그 간단한 공사도 많이 하다 보니 첫 해에만 1,530만 환의 계약액을 기록했다. 성공적인 출발이었다. 돈이 좀 모이자 현대토건사는 현대자동차공업사의 더부살이를 청산하고, 광화문에 있는 평화신문사 빌딩에 사무실 두 개를 얻어 독립된 공간을 만들었다.

토건업은 공사를 따내기는 어려웠지만 일단 따내기만 하면 마진이 많은 사업이었다. 1948년과 49년 이 두 해 동안, 정주영은 신용과 경험을 쌓으면서 본격적인 수주경쟁에 뛰어들었다. 그리고 그 이듬해인 1950년 1월에는 현대토건사와 현대자동차공업사를 합병하여 사옥을 옮기게 되는데, 이렇게 하여 중구 필동의 현대건설주식회사가 탄생하게 되었다. 바야흐로 현대의 본격적인 출발이었다.

전쟁의 위기를
성공의 기회로

현대건설주식회사가 힘찬 출발을 한 지 불과 5개월 뒤, 한반도에는 6·25전쟁이 터진다. 일이 좀 될 만하니까 또 난데없이 정변이 터진 것이다. 북한군은 파죽지세로 38선을 돌파, 단숨에 서울까지 밀고 내려왔다. 당시 남한의 경비대는 워낙 약체였기에 아직 제대로 싸울 만한 군대의 여건과 수준을 갖추지 못했다. 병사들에게 총도 제대로 보급하지 못한, 이른바 총 없는 군대였던 것이다.

6월 28일, 정주영의 동생 정인영이 장충동 집으로 헐레벌떡 달려왔다. 북한군이 탱크를 앞장세워 미아리 고개까지 쳐들어왔다는 것이다. 동생 인영은 당시 〈동아일보〉 외신부 기자였다. 정주영은 동생과 함께 지프차를 타고 단숨에 현대건설주식회사가 있는 을지로로 달려 나갔다. 그 사이, 벌서 서울 시내엔 북한군 탱크가 달리고 있었다. 아찔했다.

정주영은 다시 집으로 돌아와, 우선 동생 인영이 보던 일본 책들을 마당에 쌓아놓고 불태웠다. 정인영은 일찍이 일본에서 유학해서 미사키 영어학교를 졸업한 후 일본 아오야마대학을 졸업했다. 일본에 유학했었으므로 그 때 공부하던 책들이 집에 가득 쌓여 있었고, 정주영은 틀림없이 북한군이 일본책을 읽는 지식인을 보면 바로 학살할 것이라고 생각했다.

우선 동생들을 피난시키는 것이 급선무였다. 동생에게 먼저 피난을 가라고 했으나 가만히 생각해보니 어린 아우 혼자 떠나보내는 것도 걱정스러운 일이라 하는 수 없이 그도 같이 가기로 했다.

대신 여자들은 서울에 남기로 했다. 집에 쌀이 얼마나 있는가 확인해보니 보리쌀 반 가마에 쌀 두 말 정도가 전부였다. 일단 당분간 먹을 만큼의 양은 되는 것 같았다. 보리 반 가마니에 쌀 두 말이지만 불과 1, 2주면 서울이 수복되겠거니 하고 판단하고 있었던 것이다. 라디오에서는 정부가 곧 반격을 개시할 터이니 국민들은 안심하라는 안내방송이 흘러나왔다.

동생 정인영과 함께 두 사람은 부지런히 걸어서 한강변의 서빙고 나루터로 갔다. 막상 한강에 가보니 한강다리는 이미 폭격으로 끊어져버렸고, 강물은 간밤에 밤새껏 퍼부은 비로 잔뜩 불어있었다. 게다가 총을 거꾸로 맨 패잔병들과 강을 건너려는 피난민들로 나루터는 아수라장이 되었다. 작은 보트 하나에 피난민 두세 명씩 태워 건너가자 수천 명의 피난민이 자신의 차례를 기다리면서 아우성을 쳤다. 정주영 또한 동생과 함께 사력을 다하여 보트에 올라 타 지금의 반포 쪽 기슭으로 건너갔다.

두 사람은 그 길로 계속 걸어서 수원에 도착했고, 시내 한 켠을 지나는 기차를 보자마자 얼른 집어탔다. 기차 안이고 밖이고 사람들로 인산인해를 이루었는데, 기차 내부에는 제 몸 하나 서 있을 공간이 없어 기차 화통 위에 올라 탈 수밖에 없었다. 그렇게 해서 피난지 대구까지 내려가게 된다.

대구에서 며칠을 보내고 있는데 북한군이 낙동강까지 내려온다는 소식이 들렸다. 정주영은 일단 살아야 한다는 생각에 다시 낙동강까지 내려가 그곳을 맨몸으로 헤엄쳐 건넜다. 그렇게 도착한 부산에서 정주영은 집도 절도 없는 궁핍한 나날을 보내게 된다. 옷이라고는 서울서부터 입고 왔던 노동복 한 벌에 수중엔 돈도 거의 없었다. 두 회사를 거느리고 있던 사장 정주영이 전쟁으로 인해 하루아침에 거지나 다름없는 처지가 된 것이다.

일단 밥이라도 먹기 위해 그는 전당포를 찾아 손목시계를 내놓았다. 전당포 주인은 정주영 형제의 몰골을 한번 쓱 보더니 말도 안 되는 돈을 내밀었다. 사정이 급했지만 그렇게까지 헐값에 시계를 맡기긴 싫어 두 사람은 다시 거리를 헤맸다.

'뭐, 일거리가 없을까.'

여기저기를 기웃거렸다. 문득 길거리 포스터에 미국 사령부에서 통역관을 모집한다는 광고가 났다. 유학파였던 동생 정인영은 당연히 영어에 능통했으므로 그 길로 곧장 미국 사령부를 찾아갔다.

다행이 정인영은 영어 능력과 함께 〈동아일보〉 기자라는 신분증이 유효하여 통역원으로 합격할 수 있었다. 그는 통역 중에서도 미국 공병대 통역을 자청했다. 혹시 형이 맡을 수 있는 공사라도 따내어 받을 먹을 수 있지 않을까, 하는 계산 때문이었다.

당시 부산항에는 산더미 같은 전쟁물자가 쌓여있었다. 수만 명의 미군이 태평양을 건너 부산항에 들어오니 그들을 갑자기 수용할 시설이 턱없이 부족했다. 한국 정부는 우선 미군들을 재우기 위해 초등학교, 중학교, 고등학교, 대학교의 모든 교실을 총동원했으나 다시 미군이 10만 명으로 불어나자 숙소를 더 확보해야만 했다.

미국 공병대 측에서 병사들이 잘 수 있는 숙소를 만들어야 한다고 결정함에 따라 공병대의 맥칼리스터 중위가 그 임무를 담당하게 되었는데, 바로 맥칼리스터 중위의 통역 담당이 정인영이었다. 중위는 정인영에게 알고 있는 건설업자가 있으다면 어서 빨리 데려오라고 명령했다. 듣던 중 반가운 소리였다. 두말 할 것 없이 정인영은 자신의 형 전주영을 불러 공병대로 데리고 갔다.

맥칼리스터 미국 공군 장교(좌에서 네 번째)

한꺼번에 밀려든 미군 병사 10만 명, 그들의 숙소를 만드는 일이 드디어 정주영에게 떨어진 것이다. 그들은 며칠간 부산에서 보낸

후 전선으로 이동할 것이었다.

정주영은 학교 운동장에 널빤지를 깔아 그 위에 천막을 쳐 임시 숙소를 만들기 시작했다. 병사의 숫자가 숫자였으므로 수천 동의 숙소를 만들어야 할 판이었다. 더구나 최대한 빠른 시간 내에 숙소들을 만들어야 했으므로 하루 세 시간도 잘 틈이 없었다. 그렇게 해서 한 달만에 수천 동의 미군용 숙소를 만들어주었다. 엄청난 물량이 터진 것이다.

공사가 끝나고 대금을 수령할 시간. 자그마치 2,000만 환이라는 어마어마한 금액이 커다란 트렁크에 가득했다. 전쟁을 피해 무조건 살기 위해서 찾아온 동네 부산에서 그는 뜻밖에도 엄청난 돈을 벌게 된 것이다.

그에게 큰 선물을 주었던 미군 공병대의 맥칼리스터 중위는 한국에서 대위로 승진한 후 다시 본국으로 돌아갔다. 그는 미국에서 중령으로 예편했는데, 먼 훗날 정주영은 그를 현대건설의 미국 휴스턴지점에 취직시켜주었다. 맥칼리스터 중위는 8년간 미국의 현대건설을 위해 일하다 퇴역했고, 은퇴한 후에도 정주영은 미국을 방문할 때면 늘상 그를 만나곤 했다.

크나큰 민족의 시련이었던 6·25전쟁이 정주영에게는 위기가 아니라 기회가 된 셈이다. 전쟁의 와중에서 유감없이 자신의 추진력을 발휘한 정주영은 이토록 위기를 기회로 만들 줄 아는 기업가였다.

정주영에겐 새로운 일거리가 또 기다리고 있었다.

● 보리밭 잔디

1952년, 정주영의 나이 37세.

이제 막 미국의 대통령 선거에서 당선된 아이젠하워 장군은 군 출신답게 한국을 방문하기로 결정했다. 전중 중의 한국을 방문해서 UN군 사병들을 격려하기 위해서였다.

때는 혹한의 한겨울. 모든 것이 다 파괴된 한국 땅에 찾아오는 미국의 차기 국가원수의 방문에 미8군과 한국정부는 걱정이 태산 같았다. 대통령 당선자의 방문이니만큼 그에 걸맞는 숙소를 마련해야 하는데, 모든 것이 아수라장인 서울에 아이젠하워가 편하게 잘 만한 숙소는 어디에도 없었던 것이다. 그 당시 한국에는 변변한 호텔 하나 없었다. 서울시청 맞은편에 반도호텔이라는 곳이 있었지만 그나마 이곳도 전쟁으로 엉망이 되었다.

고육지책으로 종로3가에 있는 운현궁을 대통령 당선자의 숙소로 사용하자는 데 의견이 모아졌다. 운현궁은 대원군이 살던 65칸 짜리 전통 한옥이다. 대통령 당선자가 유서 깊은 한국의 전통 가옥에서 잠을 자는 것은 타당성이 있었으나, 문제는 화장실과 난방이었다. 미국 사람들은 앉아서 볼일을 보는 좌변기를 사용하는데, 한국에는 그러한 현대식 화장실이 없었던 것이다. 더구나 대통령 당선자가 불과 15일 후에 내한하기로 되어 있으므로 시간이 매우 급박했다.

미8군 측은 고민에 빠졌다. 누구에게 이 어려운 숙제를 맡길 것인가.

그때 그들이 머릿속에 떠올린 사람은 부산에서 미군 숙소를 단시일에 만들었던 정주영이었다. 정주영도 난감했으나 특유의 추진력으로 한번 도전해보기로 결심했다. 계약 조항에는 "기간 내에 공사를 마치면 공사비를 갑절로 주지만, 만일 제 시간 내에 못하면 벌금을 갑절로 낸다."라는 내용이 있었는데, 이것이 오히려 정주영의 입맛을 당기게 만든 부분이기도 했다. 앞서도 말했지만, 정주영은 일을 시작할 때 실패라는 것을 단 1퍼센트도 염두에 두지 않는 사람이다. '하면 된다'라는 확신이 그의 장기였으니까.

정주영은 계약서에 사인을 하자마자 용산으로 달려갔다. 그는 우선 서울 시내의 고물상을 뒤지면 양변기를 찾아낼 수 있을 거라는 확신으로 다리품을 팔며 용산부터 뒤지기 시작한 것이다. 사실 그때까지 정주영 또한 양변기를 구경조차 해본 적이 없었다. 용산의 고물상을 이 잡듯 뒤지던 중 가게 주인들이 모두 피난 가버린 고물상에서 정주영은 보일러통과 파이프, 세면대, 욕조, 양변기 등을 하나씩 찾아냈다. 주인이 없었으므로 고물상 문짝에 가져간 물건의 내역과 돈 받을 회사이름을 써놓고 돌아왔다.

그렇게 해서 자재를 끌어 모으다 보니 제법 쓸 만한 것이 많았다. 정주영은 인부들을 동원하여 힘겨운 철야작업에 들어갔고 단 12일 만에 화장실 공사와 난방공사를 완료했다. 약속했던 15일보다 사흘 일찍 공사를 끝낸 것이다. 공사가 끝나자마자 정주영은 미8군에 공사가 완료되었음을 통보했다.

미8군 관계자들은 운현궁에 만들어진 서양식 화장실과 난방시설을 보고 일제히 놀라며 "현다이(현대) 넘버원!"이라며 엄지손가락을 치켜세웠다. 그들은 흔쾌히 공사대금을 지불했다.

1953년, 드디어 전쟁이 끝나고 그해 추운 어느 겨울 갑자기 UN군 사령부로부터 긴급연락이 왔다. 부산의 UN군 묘지에 잔디를 깔 수 있겠느냐는 내용이었다. 앞으로 닷새 후에 한국전에 참전한 세계 각국의 UN군 사절들이 내한하기로 되어 있는데, 그때 부산의 UN군 묘지를 그들이 둘러본다는 것이다.

당시 UN군 묘지는 묘비만 덩그러니 서 있을 뿐 나무 한 그루, 풀 한 포기 없이 썰렁한 곳이었는데, UN군 사령부 측은 그러한 모습을 세계 각국의 사절들에게 보이고 싶지 않았던 것이다. 그런 까닭으로 UN군 묘지를 미관상 아름답게 보일 수 있도록 잔디공사를 해달라는 것이다. 그러나 그때는 한겨울. 도대체 어디에 가서 잔디를 구할 수 있단 말인가.

UN군 사령부 측은 즉각 정주영에게 연락하여 이 일을 맡겼다. 사령부 측도 한겨울에 잔디를 구하는 일이 터무니없이 힘들다는 것을 잘 알고 있었지만, 10만 명이나 되는 미군 병사들의 숙소를 불과 일주일 만에 뚝딱 해치우는 그의 솜씨를 보고 다시 한 번 기대를 걸어 보기로 한 것이다.

어려운 때일수록 아이디어가 번뜩이고 도전에 대한 욕구가 강한 사람이 바로 정주영이다. 그는 어렵게 생각하지 말라며, 무조건 파란 풀밭으로 만들어주면 되겠느냐고 되물었다. UN군 사령부 측에서는 그것이 잔디이든 잡초이든 간에 일단 조경공사를 하는 것이 급했다. 시쳇말로 찬밥 더운밥 가릴 일이 아니었던 것이다.

정주영에게는 그 순간 번개같이 지나가는 아이디어가 하나 있었다. 결심한 듯 그는 사령부 측에 공사비를 3배로 요구했고, 사정이 워낙 다급했던 사령부는 알겠노라며 그 요구를 수락했다.

즉시 정주영은 매제 김영주에게 트럭을 20대 준비하라고 지시했다. 그리고는 트럭을 이끌고 낙동강 근처의 보리밭으로 갔다. 한겨울이어서 보리는 이제 파란 새싹을 내민 채 겨울의 햇볕을 쬐고 있었다. 정주영은 보리밭 주인을 불러 수만 평의 보리를 자기에게 팔지 않겠냐고 제의했고, 값을 제법 후하게 쳐줬으므로 주인은 큰 고민 없이 보리밭을 정주영에게 내어주었다. 인부들은 보리밭을 몽땅 떠서 20대의 트럭에 옮겨 심었다.

그 길로 정주영은 UN군 묘지로 달려가서 마치 잔디밭처럼 보리를 옮겨심기 시작했다. 한겨울 황량하기만 했던 UN군 묘지가 불과 며칠 만에 푸른 보리밭으로 변해버린 것이다.

그로부터 닷새 후, UN군 사절단은 묘지를 방문했다. 눈부시게 푸른 하늘 아래 새싹이 파릇파릇 돋은 잔디밭이 끝없이 펼쳐져 있고, 그 뒤로 UN군 병사들의 묘비가 비장하게 도열해 있었다. 남의 나라 전쟁에서 희생된 자국의 병사들을 위해 한국이 이처럼 묘지를 잘 관리하고 있다는 것에 대해서 그들은 "땡큐"와 "원더풀"을 연발했다. UN군 사절단들은 그것이 잔디인지 보리인지는 구분하지 못했던 것이다. 정주영에 대한 UN 사령부 측의 신뢰는 더욱더 높아질 수밖에 없었다.

현재의 부산 UN군 묘지

전쟁의 종식과 함께 정주영은 피난지 부산에서 서울로 돌아왔다. 오랜만에 아내를 만난 정주영은 그간 거두었던 성공을 자랑하고 싶어 아내를 방구석으로 당장 끌고 갔다. 그리고는 가방을 열어 보이니 가방 속에는 빳빳한 새 돈이 차곡차곡 쌓여 있었다. 부산에서 공사를 하면서 번 돈이었다.

"몽구 어멈. 나 돈 벌어가지고 왔어."

정주영의 첫마디였다. 세어보니 당시 돈으로 2,000만 환이었다. 아내 변중석은 그 돈을 소중히 궤짝 속에 넣어두었다.

어느 날 정주영의 셋째 동생인 정순영이 10만 환만 달라고 하자 변중석은 시동생의 부탁을 거절할 수 없어 남편의 허락 없이 정순영에게 돈을 주었다. 또 어느 날은 장남 정몽필이 10만 환을 가져갔다. 그로부터 얼마 뒤 정주영은 은행에 예금을 한다며 그 돈을 통째로 들고 나갔는데, 은행에 가서 세어보니 이상하게도 20만 환이나 비어있는 게 아닌가. 그날 날벼락이 떨어졌다. 아내 변중석은 훗날 그때를 회고하며 이렇게 말했다.

"그날 우리 식구 다 죽이는 줄 알았어요."

아내와 관련된 또 한 가지 일화가 있다. 지독하게 돈을 아끼던 정주영이었으나 주변사람들에게 먹을 것으로 대접하는 것만은 예외였다. 무슨 날이 되면 40~50명씩 밥을 해 먹었다. 그토록 밥은 매일 해먹으면서도 생활비는 제대로 주지 않자 아내 변중석은 생선가게나 반찬가게에서 죄다 외상을 그을 수밖에 없었다.

어느 날 아내의 불만에 정주영은 그간의 외상값을 모두 적어보라고 했다. 쭉 정리를 끝내고 외상값을 계산해보니 집을 팔아도 모자랄 정도였다. 그는 당장에 외상을 모두 갚았고, 그 후 정주영은 아내에 대해 이렇게 말하곤 했다.

"우리 몽구 어멈은 집 한 채 팔아도 외상값 모자란다."

최악의 고령교 공사

전쟁 후 모든 것이 폐허로 변했다. 남한의 교량 1,466개가 파괴되었고, 이때 파괴된 교량의 총 연장은 3만 3,894미터였다. 남한의 다리 전체가 거의 파괴되었다고 해도 과언이 아니었다.

고령교도 그 중의 하나였다. 고령교는 대구와 거창을 잇는 다리로, 대구에서 산세가 험한 거창으로 가기 위해서는 반드시 건너야 할 다리였다. 그러나 그 다리는 6·25전쟁으로 파괴되어 교각의 기초 부분만 남아 있고 상부 구조물은 강물에 처박혀 있었다.

당시 정부에서는 지리산의 빨치산 토벌을 위해 시급히 교량을 복구해야 할 필요가 있었다. 전쟁 후 빨치산들은 여전히 산속에 숨어서 낮에는 국방군과 전투를 벌였고, 밤에는 민가에 내려와 쌀과 잡곡, 채소 외에 심지어는 집에서 기르던 소나 돼지, 닭 등을 빼앗아가면서 농민들을 괴롭히고 있었던 것이다.

그들은 주로 지리산 자락의 토굴에 은신하였는데, 고령교는 바로 그 지리산 자락으로 들어가는 교통의 요충이었으므로 빨치산을 토벌하기 위해서는 군용트럭과 장비가 들어갈 수 있는 이 다리를 반드시 복구해야 했다.

1953년 4월, 정부는 고령교 복구공사를 현대건설에 정식 의뢰했다. 이 공사는 당시 정부 발주공사로서 사상 최대 규모였는데, 공사금액은 5,457만 환이었고, 24개월 내에 공사를 끝내야 한다는 조건이 붙어 있었다. 6·25전쟁 동안 아이젠하워 당선자의 숙소나 UN군 묘지 잔디밭공사 등을 수주하면서 큰 재미를 보았던 정주영은 새로운 도전에 나선다는 심정으로 고령교 복구공사를 덜컥 맡았다. 더구나 국내 최대의 토목공사라고 하니 큰 기대에 부풀었다.

정주영은 공사를 수주해 즉각 교량의 복구에 들어갔다. 그런데 현장에 가보니 말이 복구공사이지, 차라리 새로 다리를 놓는 편이 더 나을 것 같았다. 드디어 2년간의 긴 공사가 시작되었다. 정주영이 현장에 방문한 것은 봄철인 건기여서 물이 말라 강바닥의 흰모래가 드러나 있었다. 물이 거의 없었으므로 일단 모래를 파고 거기에 기초공사를 할 계획이었다.

강의 백사장에 모래를 깊이 파고 기초공사를 하고 나니, 어느새 여름이 시작됐다. 여름철에 소나기가 내리는 것은 당연한 일이어서 정주영을 비롯한 인부들은 걱정이 밀려왔다. 그 걱정은 어김없이 현실이 되어, 쉼 없이 내리는 빗줄기로 인해 순식간에 강물이 불어 폭포처럼 흘러갔다. 간신히 기초공사를 했던 교각의 하단부는 깊은 물속에 잠겨버리고 말았다. 미처 예상하지 못한 일이었다.

비가 그치자 다시 강물의 수심도 내려갔다. 교각 한 개에 철근을 놓고 콘크리트를 다시 쳤다. 또다시 교각 한 개를 세우고 잇는데 느닷 없이 또 한 번의 폭우가 쏟아지면서 강물이 바다처럼 불어나더니 교 각은 힘도 못 쓰고 떠내려가 버렸다. 애써 기초공사를 했으나 교각의 파일을 채 한 개도 건지지 못한 채 모조리 물에 휩쓸려 나간 것이다.

환장할 노릇이었다. 장비가 넉넉하면 동시다발로 공사를 진행할 수 있었으나, 그가 가진 장비라고는 크레인 한 대, 믹서기 한 대, 콤 프레서 한 대가 전부였다. 장비가 부실하다 보니 공사의 대부분을 사람의 손에 의지해야만 했다. 그만큼 공사가 더뎠던 것이다. 더구 나 물가는 1년 사이에 120배가 뛰었다.

6·25 직후 한국에는 인플레가 극심하여 '돈을 찍어내는 속도가 물가 오르는 속도를 따르지 못할' 정도였다. 처음에 준비했던 자금 은 금세 바닥이 나버렸고 공사가 지지부진하니 정부로부터 결제대 금도 나오질 않았다. 건설업계 관행은 공사가 진행되는 만큼 돈을 지불하는 것이었으니 더딘 진행으로 인해 어쩔 수가 없었다. 인부 들은 자고 깨면 밀린 품삯을 내놓으라고 아우성쳤다.

정주영은 동생 정순영이 살던 서울 삼선동의 20평짜리 기와집을 팔도록 했다. 그러나 그것만 가지고는 턱없이 부족하여 이번에는 매제 김영주가 살던 돈암동 종점 근처의 20평짜리 한옥집도 팔았 다. 그래도 돈이 모자랐다. 급기야는 현대건설 간부들의 집도 팔았 고, 이어서 자신이 운영하던 초동 자동차공장 부지도 내놓았다. 월 18퍼센트나 되는 이자를 내면서까지 돈을 빌려 겨우겨우 직원 들에게 임금을 주면서 공사를 강행했다.

1953년 당시의 고령교

결국 고령교 공사는 계약기간보다 2개월 늦게 완공되었다. 애초에 공사 금액이 5,457만 환이었으나, 공사를 끝내고 보니 들어간 돈은 그 두 배가 훨씬 넘는 1억 2,000만 환이나 되었다. 공사대금을 다 받아보았자 그보다 더 큰 빚만 남은 것이다. 현장에서 장비를 철수해야 했으나 장비를 철수할 만한 비용조차 없었다. 남의 돈을 빌려 공사를 강행했으므로 빚쟁이들은 회사를 찾아와 아우성을 치고, 토목업자들의 모함도 극심해졌다.

"소학교밖에 안 나온 정주영이 인플레가 뭔지 알겠냐."

"정주영은 이제 끝났다."

"이것은 시련이지, 실패는 아니다. 내가 실패라고 생각하지 않는

한 결코 실패가 아니다."

정주영은 고령교 공사 실패에 대해 이 같은 생각을 하면서 자신을 달랬다.

그는 고전문헌 속에 나오는 좋은 구절을 늘 머릿속에 암기하며 수시로 되뇌었던 적이 많았다. 어린 시절 한학을 공부했던 그는 특히나 『채근담』에 나오는 이런 구절을 좋아했다.

'득의지시 편생실의지비得意之時 便生失意之悲'

'뜻을 이룰 때 실패의 뿌리가 생긴다'라는 의미로, 즉 방심하지 말라는 이야기다.

오늘날 현대건설 사옥에는 아래와 같은 휘호가 걸려있다.

'담담한 마음을 가집시다. 담담한 마음은 당신을 굳세고 바르고 총명하게 만들 것입니다.'

고령교 실패를 통해 얻은 정주영의 교훈을 적은 것이다.

정주영이 가장 좋아해서 그의 청운동 자택 1층에 걸려 있다는 액자에는 '一勤天下 無難事(일근천하 무난사)'라고 쓰여 있는데, 이는 곧 '부지런하면 천하에 어려움이 없다'는 뜻이겠다.

그가 위기에 몰릴 때마다 떠올렸다는 '有志者事竟成(유지자사경성)'은

'뜻이 강하고 굳은 사람은 어떤 어려운 일에 봉착해도 기어코 자신이 마음먹었던 일을 성취하고야 만다'는 뜻이며, '致知在格物(치지재격물)' 즉 '사람이 지식으로 올바른 앎에 이르자면 사물에 직접 부딪쳐 그 속에 있는 가치를 배워야 한다'는 말도 고령교 공사 때 새삼 다시 떠올린 주옥같은 구절들이다.

공사는 끝났으나 정주영에게는 '누워서 자신의 쓸개를 쓰다듬는다'는 와신상담의 긴 고난의 시간이 기다리고 있었다. 고령교 공사로 인해 생긴 6,500만 환이라는 빚을 어떻게 갚아야 하는가. 결국 정주영은 그 빚을 갚는 데 무려 20년이라는 긴 시간을 보내야만 했다.

현대건설은 고령교 복구공사로 분명 큰 손해를 보았다. 그러나 손해를 감수하면서까지 공사를 끝마쳤다는 신용 하나 때문이었을까. 정주영은 그로부터 2년 뒤 화려하게 재기에 성공한다. 1975년 한강 인도교 복구공사가 바로 그것이다.

정주영 경영 팁 | 평소 정주영이 현대 직원들에게
가장 많이 했던 말은?

첫째, 소신껏 일하라.

둘째, 모든 공사수행에 시간을 아껴라.

셋째, 생각 없이 출근할 때 됐으니까 출근하고,

　　　퇴근할 때 됐으니까 퇴근하는 습관이 있다면 당장 버려라.

넷째, 하청업체 및 거래선과 좋은 관계를 유지하라.

다섯째, 솔선수범하여 근검절약을 실천하라.

국내 건설업계를
평정하다

6·25의 피해는 오래갔다. 정부와 국민은 힘을 합쳐서 전쟁의 피해를 복구하는 데 노력을 다했으나 역부족이었다. 국가나 국민 모두 돈이 없었기 때문이다. 당시 한국의 실정을 보자.

전쟁이 끝난 1953년도 한국의 1인당 국민소득은 67달러였다. 54년에는 70달러였고, 55년 65달러, 57년 74달러로, 당시 한국은 필리핀이나 태국보다도 훨씬 못 사는 나라였다. 훗날의 이야기지만 1963년 박정희 대통령이 필리핀을 방문했을 때, 그는 필리핀의 국민 소득이 1인당 130달러라는 사실을 알고 매우 부러워했다. 우리가 필리핀보다 잘살게 된 것은 70년대 이후의 일이다.

1957년 9월, 정부는 한강 인도교 건설공사를 발주했다. 그해 1월 7일자 〈조선일보〉 사회면에 실린 당시 한강 인도교 건설공사 발주에 대한 기사이다.

6·25 당시 파괴된 한강철교 중에 A선만 수리되어 현재 기차를 운행 중에 있으나, B선이 파괴된 그대로 통하지 않아 그 수리공사 추진이 요망되고 있었는데 드디어 지난 13일 영등포 UN군 토병단 토건업자들에 의한 B선 철교 복구공사의 공개입찰이 단행되었다고 한다. 이와 같이 공개입찰이 단행된 관계로 철교의 복구공사는 불원 착수될 모양인데, 입찰 결과 발표는 17일이 아니면 20일까지는 행하여질 모양이다.

한강 인도교는 전쟁이 터진 지 사흘 후에 미 공군의 폭격으로 끊긴 다리이다. 인도교 폭파는 1950년 6월 28일 육군참모총장 채병덕과 참모부장 김백일, 공병감 최창식, 공병학교장 엄홍섭의 라인에서 이루어진 것이다. 당시 한강다리를 폭파한 실무진은 육군 측이었으나 이 사안은 그 중요성 때문에 이승만 대통령에게도 보고 되었다. 이윤영 당시 사회부 장관은 그의 회고록에서 '6월 26일 새벽 국무회의 석상에서 이범석 국무총리가 대통령에게 보고했다'고 밝힌 바 있다. 말하자면 장관과 총리의 건의에 따라 이승만 대통령이 최종 재가를 한 것이다. 인도교를 폭파한 이유는 두말 할 것도 없이 북한군의 진격을 늦추는 데 그 목적이 있었다.

당시 폭파된 이 다리는 1900년 7월 5일 만들어진 것으로, 본래 1896년 3월 미국인 제임스 모스가 한국 정부로부터 한강다리의 부설권과 경인철도 부설권을 따낸 후 4년 만에 완공하였다.

당시 대한제국 정부가 미국인 J.모스에게 경인철도 부설권을 부여한 것은 '보행자의 편의를 도모하기 위하여 길 한쪽 또는 양쪽에 보도步道를 시설할 것'이라고 명시한 바와 같다. 그러나 모스는 한강 철도교를 놓지 못했다. 일본이 철도 부설권을 가로챘기 때문이다. 일본에 의해 최초로 가설된 인도교는 한강의 중지도와 노량진 간의 대교(길이 440미터), 중지도~한강로 간의 소교(길이 188미터)로 나뉘어 있었으며, 차도의 보폭은 4.5미터였고 사람이 걸어다닐 수 있는 좌우의 보도는 1.6미터 폭이었다. 바로 이 다리가 6·25전쟁으로 인해 폭파된 것이다.

한강철교 건설공사는 국내 최초로 실시된 근대식 토목공사로, 이른바 한반도의 교통혁명으로 비유될 만한 대사건이었다. 그 후 1905년이 되면서 운송량이 증가하자 복선화의 필요성이 대두되었고 그에 따라 제 2철교인 오늘날의 한강철교가 1912년 9월에 준공된다. 이어 1944년 6월에 한강철교가 만들어진 것이다. 당시 이 세 개의 철교는 각각 역할이 달랐는데, 첫 번째 만들어진 철교 A는 용산에서 부평을 왕래하는 경인선 직통 전동열차가 사용했으며, 철교 B는 화물열차전용이었고, 철교 C는 경부선, 장항선, 호남선 등 여객을 수송하기 위한 목적이었다. 이런 세 개의 다리를 6월 26일에 이승만 정부가 모두 폭파했던 것이다.

정부는 그 다리를 7년간이나 방치해두다가 드디어 공사를 발주했다. 정부가 그처럼 긴 세월을 허비한 것은 다리 건설에 들어가는 어마어마한 비용 문제 때문이었다. 더구나 그 해 8월에는 전국에 홍수가 나서 이재민이 6만여 명에 달했고 그 피해액만도 163억 환이나 되었다. 부산에서는 태풍으로 무려 6,000여 채의 가옥이 전파되었고 울진에서는 100여 척의 어선이 침몰했다.

정부는 가뜩이나 돈이 없는데 수재 복구에 또 새로운 지출을 해야만 했다. 그러나 인도교가 없어 사람들이 여전히 나룻배로 한강을 건너는 불편함으로 인해 한강 인도교 재건을 더 이상 미룰 수도 없었다.

결국 정부는 1957년 9월 입찰공고를 내고, 공사를 홍화공작소와 조흥토건 중 한 회사에게 맡긴다는 내부 방침을 이미 정해놓고 있었다. 홍화공작소 사장 양춘선은 만주 젠다오 동흥중학을 졸업하고 여러 가지 사업을 하다가, 1945년 광복 이후 대한산업개발과 대한제지사장, 울진산업, 홍화공작소 등의 방계회사를 거느리고 있었다. 조흥토건의 사장은 황보성이었다.

그런데 문제가 생겼다. 당시 내무부장관은 조흥토건에 공사를 맡기고 싶어했으나, 공사 승인권을 가진 재무부는 홍화공작소에 그 공사를 맡기고 싶어했던 것이다. 두 업체는 한치의 양보도 없이 팽팽하게 맞섰다. 해방 후 단일 공사로서는 최대 규모였기 때문에 서로 그 공사를 하려고 했던 것이다. 두 회사의 알력다툼으로 정부는 예산집행을 1년이나 연기했지만 여전히 타협점을 찾지 못했다.

결국 정부는 공사를 공개경쟁입찰에 붙이게 됐고, 이에 따라 수많은 업체들이 공개경쟁입찰에 나섰다. 경쟁이 치열해지자 홍화공작소는 공사를 따내기 위해 1,000환이라는 최하의 가격으로 입찰서를 넣었다. 당시의 1,000환은 서울시청에서 한강까지 가는 택시요금의 4분의 1에 불과한 금액이다. 한마디로 공짜로 공사를 해주겠다는 것이었다. 공개경쟁입찰이란 가장 적은 공사비를 써낸 업체에게 공사를 주는 것이 당연한 일이니만큼 나머지 건설업체들은 모두 쓴웃음을 지으며 물러날 수밖에 없었다.

신문에서는 이 문제를 대서특필했다. 1957년 9월 6일자 〈조선일보〉기사이다.

〈속보〉

1억 2백만 환으로 사정가격이 나와 있는 한강 인도교의 〈다이트아취〉 가설 공사를 단돈 1천 환에 입찰한 흥화공작소에 대하여 낙찰을 시인해야 하는지 여부를 내무부에서는 2일(9월 2일) 심계원에 조회하였으나 5일 하오까지도 조회에 대한 답변이 없어, 일반의 이목처가 되고 있는 단돈 1천 환짜리 공사는 아직도 결말을 보지 못하고 있다고 한다. 그런데 동 문제에 대하여 5일 내무부 토목국 모 관계관은 '흥화공작소의 처사를 가타부터 결정하기가 곤란하다는 것은 내무부뿐만이 아니라 조회를 받은 심계원 자체도 마찬가지일 것이니, 심계원 자체에서도 딜레마에 빠지고 있는 것 같이 보인다'고 말하면서 '동 문제는 쉽사리 해결될 것 같지 않다'고 부언하고 있어서 더욱 주목거리가 되고 있다.

결국 정부는 대책을 내놓았다. 내무부장관은 흥화공작소의 입찰가 1,000환은 입찰의사가 없는 것으로 판단되므로 이러한 기부공사를 정부가 받아들일 수 없다고 발표했다.

1. 재정법상 입찰에 관한 규정은 입찰 행위 자체가 의사표시
   이며
2. 원래 청부업자는 영리 목적을 그 본질로 하고 있으며, 1천
   환 입찰은 일반 거래에 관한 사회통념상으로 보아 진의로
   해석키 곤란하며
3. 따라서 잔여 입찰자에 대해서 별률상 유효이면 최소 가격
   자를 낙찰자로 해야 할 것이다.

당시 정부의 주무부서인 심계원에서 1,000환에 공사를 하겠다
는 홍화공작소의 입찰 행위가 무효임을 결정하는 공문이 발송되었
다. 정부의 판단은 홍화공작소의 상행위가 정상적인 상행위가 아
니라는 것이었다. 홍화공작소의 1,000환 다음으로 응찰가격을 낮
게 써낸 업체는 현대건설의 4,650만 환, 조흥토건의 5,950만 환, 중
앙건축의 7,360만 환, 대동토건의 8,639만 환 등이었다. 따라서 두
번째로 낮은 가격을 써낸 현대건설이 입찰자로 선정된다.

결국 공사는 정주영에게 돌아갔다. 드디어 기회가 또 한 번 찾아
온 것이다.

1957년 한강 인도교 개통

정주영은 주먹을 불끈 쥐었다. 고령교의 악몽을 되풀이하지 않겠다는 결의였다. 고령교 공사에서는 장비가 절대적으로 부족하였으므로 이번에는 장비를 사전에 충실히 확보하여 공사를 제대로 수행하겠다는 계획 아래, 우선 자신이 운영하던 현대자동차 서비스공장에 중장비 사무소를 내고 장비 확보에 들어갔다.

당시 미8군에서는 중장비를 일반에게 불하하고 있었다. 미8군은 신제품이 미국 본토에서 건너오게 되면, 과거에 쓰던 장비를 싸게 팔아치우곤 했던 것이다. 정주영은 과거 부산 UN군 묘지의 잔디밭 공사 등을 통해 미군 측으로부터 신용을 받고 있었으므로 비교적 싼 가격에 그들의 장비를 불하받을 수 있었다. 그는 모델이 바뀐 중장비를 구입하고 거기에 필요한 부속품은 시장에서 조달하여 현대중장비사무소를 만들었다. 또 여러 부속품들을 모아서 공사에 필요한 중장비를 조립하여 만들기도 했는데, 이러한 일들은

'기계박사'라는 별명이 붙었던 정주영의 매제인 김영주가 맡았다.

정주영은 고령교 공사를 질질 끌다가 빚만 뒤집어썼으므로 이번에는 최단시간 내에 공사를 끝내려고 마음먹었다. 우선 한강 인도교 공사의 완공을 위해 연인원 42만 4,000여 명의 노무자와 2,000톤의 시멘트, 그리고 2,700톤의 강철재 및 30만 보드피트의 목재를 썼다. 그리고는 공사를 시작한 지 단 1년 만에 공사를 끝냈다.

한강 인도교 공사는 대성공이었다. 공사 금액의 무려 40퍼센트가 이익으로 남았던 것이다. 고령교 공사의 실패를 확실하게 만회하고 인도교 공사로 위상이 오른 현대건설은 단숨에 한국의 5대 건설업체에 오르는 등 사세가 급신장했다.

한 번 상승세를 타니까 현대건설에 공사가 몰리기 시작했다. 1958년에는 오산 공군기지 활주로 공사를 맡게 되었고, 이듬해에는 건국 이래의 최대공사라고 하는 미국 공병단 발주의 인천항 제1도크 복구공사도 현대건설이 따냈다.

1960년 드디어 현대건설은 당시 국내에 있었던 1,000여 개의 크고 작은 건설업체들을 물리치고 국내도급 순위 1위에 오르게 된다. 고령교의 악몽 이후 단 5년 만에 건설업계를 평정한 것이다.

한강대교 건설을 시작으로 정주영은 양화대교, 한남대교, 마포대교, 잠실대교, 성수대교, 성산대교, 서강대교, 가양대교, 당산철교 등의 다리를 놓게 된다. 특히 성수대교는 붕괴사고가 난 이후 현대건설이 다시 놓은 것이다. 이처럼 현대건설은 한강 인도교 공사 이후 한강을 가로지르는 이십여 개의 다리 중 거의 절반을 건설하게 되었다.

감동 메모 -지금의 감동을 오래 간직해 보세요!

....

....

....

....

....

....

....

....

....

....

....

....

....

....

....

....

....

....

....

....

....

감동 메모 -지금의 감동을 오래 간직해 보세요!

감동 메모 -지금의 감동을 오래 간직해 보세요!

정주영 경영정신 4

"학벌이 일하는 것이 아니라 정신이 일을 한다"

맑은 마음
담담한 마음
큰마음

큰일을 앞두고 흔들리는 이에게

담담한 마음이란 무슨 일을 할 때
착잡하지 않고 말이나 생각이 정직한 상태를 말한다.
모든 것을 복잡하게 생각하면 인간은 약해진다.
맑은 마음을 가질 때 태도가 당당하고 굳세어지고 의연해진다.

대한민국 유일한 자원은 사람

1958년 현대건설의 사세는 날로 팽창하고 있었다. 점차 규모가 커져가는 회사에 더 많은 인재가 필요한 것은 당연한 일. 정주영은 공개채용으로 사원들을 뽑기 시작했다.

우선 기술직과 관리직 사원을 10명 정도 뽑기로 했다. 정주영은 자원이 없는 나라 한국에서 유일한 자원은 곧 사람뿐이며, 좋은 인재를 뽑아야 회사가 발전할 수 있다는 평소 생각을 이번 기회에 발휘하여 각별히 사원 모집에 신경을 썼다. 당시 현대그룹의 인재 선발 기준이다.

<활동적이며 진취적인 인물이 필요하다. 샌님 같은 타입은 다른 회사를 찾아야 할 것이다. 학과와 면접은 60:40이지만, 이는 절대적인 것은 아니고 후자가 오히려 더 중요하다. 기술자건 관리직이건 간에 상대방을 설득

할 수 있는 사원이어야 한다. 지난여름 각 대학 총장들의 추천으로 뽑은 14명도 이런 기준에서 뽑힌 사람들이다. 학교 차별은 일체 없다. 또 해외 공사가 많기 때문에 영어가 큰 비중을 차지한다. 그래서 올해 영어회화시험엔 미8군 인사국장을 초빙, 시험을 치렀다.>

정주영은 첫 번째 공채시험 때부터 면접에 직접 참여했다.

그렇게 해서 선발한 현대의 공채사원 중에 대표적인 이들이 63년에 입사한 심현영(전 인천제철 대표 역임), 65년에 입사한 이명박(전 대통령), 66년에 입사한 음용기(전 현대종합목재 사장 역임), 67년에 입사한 박세용(전 인천제철 및 현대상선 대표 역임), 김윤규(전 현대아산 부회장 역임), 이병규(현 문화일보 사장), 김재수(전 현대그룹 구조조정본부 부사장 역임) 등이었다.

정주영은 사람을 뽑을 때 경력이나 학벌보다는 그 사람의 마음가짐을 보았다.

"어떤 일을 할 때는 경력이나 학벌이 일을 하는 것이 아니고, 어느 시점에서 그 사람의 마음가짐과 자세가 일을 한다. 어려운 일이 있으면 문제를 해결하기 위해서 혼신의 노력을 기울여야 한다. 극복하지 못할 이유는 존재하지 않는다. 따라서 노력하는 사람에게는 이유 같은 것이 아무 문제도 되지 않는다."

그는 또 사원을 뽑을 때 일에 대한 열정이 있는가 없는가를 먼저 보았다. 열정이 있어야 열심히 노력을 하고 마침내 그 목표를 이룰 수 있다고 본 것이다.

"작은 일에 성실한 이를 보고 우리는 큰 일에도 성실하리라 믿는다. 작은 약속을 어김없이 지키는 사람은 큰 약속도 틀림없이 지키리라 믿는다. 그러므로 작은 일에 최선을 다하는 사람은 큰 일에도 최선을 다 한다고 믿는다."

정주영은 성실하고, 약속을 잘 지키고, 모든 일에 최선을 다하는 사람을 선호했다. 바로 그 자신이 그러했던 것처럼.

정주영이 국내 굴지의 기업인으로 언론에 주목받기 시작한 1971년, 〈조선일보〉 2월 5일자에 실린 그와의 인터뷰 기사를 잠시 보자.

현대그룹의 정주영은 자수성가로 일가를 이룬 재벌답게 사람의 구성이 경영의 열쇠라고 강조한다.

"뭐니 뭐니 해도 기업은 자본과 배경보다는 사람이 경영하는 겁니다. 그래서 유능한 경영자 일수록 유능한 사람을 모아놓게 되지요. 사람의 구성만 제대로 되면 국내에서 사업을 벌이든 밖으로 나가든 기업은 성공합니다."

기업 경영에서 사람의 힘을 강조하는 정 회장의 경영철학은 흡사 종교적인 신념처럼 굳어져 있는 듯싶다. 흔히들 정 회장을 가리켜 '사람을 부리는 명수'라고 말한다. 그 사람 다루는 솜씨가, 초라한 서비스 공장에서 출발한 지 불과 20년 새에 현대건설, 현대자동차, 현대시멘트, 현대양행, 금강슬레이트로 구성된 상위 랭킹의 재벌을 키워놓았다면 지나친 표현일까.

(중략)

"능력 있는 사람을 뽑아 과제를 많이 줘서 승진시키는 것이 제 경영방침입니다. 말단사원이라도 아이디어를 내면 제때에 정확한 가부를 결정해 주지요. 가급적 사기를 돋워주는 인사제도도 확립했고요. 우리 회사의 인사제도는 노력한 만큼 대가를 받도록 되어있습니다. 진급 및 봉급인상의 기준이 뚜렷하고 아무리 높은 사람이 부탁해도 정실인사를 못하도록 만들었습니다."

정 회장은 요즘 친한 친구의 부탁일지라도 인사 청탁을 받지 않는다고 했다. 처음엔 섭섭하게 여기던 사람들조차 요즘에는 그러려니 한다는 얘기다.

"사람의 노력은 피차 이익을 준다는 데 목적이 있습니다. 노사 간의 타협이든 상품 거래든 관청 접촉이든 서로 이익이 돌아간다는 판단이 설 때 성립된다고 봅니다. 상대방에게 어떤 이익을 줄 수 있는지 진지하게 생각하고 행동한다면 결국 그것이 자기 이익으로 돌아오기 마련이지요. 기업주와 사원의 관계도 마찬가지입니다."

정 회장은 끝으로 양반이 체면 때문에 뛸 수 없듯이 기업주가 겉치레나 격식을 따지면 기업도 정체하기 쉽다고 말끝을 맺었다.

막노동 경험을 가진 회장님

1975년 7월 19일자 〈조선일보〉에 게재된 '정주영-불황탈출, 나의 경영전략'이라는 기사 중 일부이다. 기사에서 보듯이 그는 인재가 회사의 전부라는 사실을 강조하고 있다.

미국의 주간지 〈뉴스위크〉지는 현대그룹의 정주영 회장을 "한국의 경제적 기적을 현실화시킨 정력과 결의에 찬 새로운 유형의 기업가를 상징하고 있다."라고 평가했다. 같은 연배의 기업가 중 지나치게 깡말랏으나 골격이 유난히 큰 정주영 회장은 지난 20년 동안 새벽 5시면 일어나 밤늦도록 뛰면서 자수自手로 일가를 이룬 대표적인 기업가로 꼽히고 있다. 그는 자수성가한 사람답게 '사람의 구성'이 불황 및 기업경영의 열쇠라고 강조했다.

(중략)

정 회장은 기업경영의 성패는 자본이나 시설보다는 그 사람의 능력에 달려 있다고 그 나름의 기업관을 펼치면서, 사람을 부리고 평가해주는 비법에 대해 평범하지만 그런대로 납득이 가는 설명을 계속한다.

"대학을 졸업한 사람, 특히 부지런하고 성실한 사람이면 누구나 무한한 발전의 가능성을 지니고 있다고 생각합니다. 경험이 적은 사람에 대해서 '어떤 일을 할 수 있다.' 혹은 '좀 어렵겠다.'며 두 갈래로 판단하는 경향이 있는데, 저는 할 수 있다고 판단한 뒤에 그 사람을 인정해주는 방법을 쓰고 있습니다."

일단 사람을 인정하면 장점을 찾아내 중견사원 또는 이사급으로 키워 준다고 했다. 그래서 현대그룹에서는 불과 5, 6년 새에 부장, 이사로 승진한 사람이 많다고 한다.

"현대그룹은 성실하고 추진력 있는 사람들의 집합체입니다. 그리고 두뇌집단이라는 평가를 받도록 노력하고 있습니다. 저는 특히 사원 각자가 일체감을 갖고 맡은 일을 밀고 나가도록 유도하고 있습니다. 만약 일체감이 없었다면 허허벌판인 모래밭(울산 조선소)에서 공장을 건설하면서 26만 톤급 대형 유조선을 동시에 건조, 수출할 수는 없었을 겁니다."

정주영은 인재를 선발하고 나면 부하직원을 믿고 모든 것을 맡기는 스타일이었다. 현대건설이 울산에 조선소를 짓기 위해 부지를 선정할 때였다. 정주영은 먼저 울산 내항에 사놓았던 염포리 일대의 개펄을 조선소 부지로 선정하고 지질 조사에 착수했다. 당시 기초 지질 조사 책임을 맡은 현대건설 간부 전갑원은 염포리 일대가 조선소 부지로서 부적격하다는 판정이 내려지자 서울로 올라와 회장 정주영에게 욕만 잔뜩 얻어먹었다.

지질 조사를 맡은 영국의 애플도어 사 기술진들을 철수시키기 위해 전갑원은 다시 울산으로 내려갔다. 허탈감에 빠진 그는 방어진의 명물인 고래 고기에다 소주를 마시고, 거나해진 기분으로 울산 외항을 걸어 나왔다.

울산 외항의 전하만, 미포만, 일산만 등이 연접해 있는 해안에는 해수욕장과 올망졸망한 어촌이 한 폭의 풍경화처럼 자리 잡고 있었다. 전갑원은 문득 그곳이 내항의 염포리보다 조선소 부지로 적격일 것이라는 생각이 번개같이 들었다.

전갑원은 울산에서 철수시키려던 영국 애플도어 사 기술진을 방어진으로 끌고 갔다. 그리고는 이튿날부터 미포만 일대의 지질과 기초암반을 조사하도록 하였다. 회장에게 보고도 하지 않고 순전히 전갑원 혼자만의 판단으로 한 행동이었다.

기초 암반만 튼튼하다면 해도상으로만 봐도 염포리 개펄과는 다르게 산에 둘러싸인 포구였기 때문에 바람도 적을 것 같았다. 또한 외항이기 때문에 조선소의 해상 여건도 내항보다 나을 것이라 판단되었다. 그리고 당시 건설 중인 포항 제철소와의 거리도 염포리보다 가까우며, 낮은 해안이므로 앞으로의 발전 가능성도 무한대라는 생각이 들었다.

사흘 동안 조사한 결과, 역시 암반도 양호하고 토질도 좋다는 결론이 나왔다. 이렇게 되자 전갑원은 은근히 겁이 나기 시작했다.

보고도 하지 않고 독단으로 일을 처리한 것을 두고 회장이 또 야단을 칠 것만 같았던 것이다.

서울로 올라온 전갑원은 회장실로 들어가 경과보고를 하였다. 역시나 보고를 다 듣고 난 정주영이 벌컥 화를 냈다.

"병신같이 그냥 올라오면 어떡해?"

"네에?"

전갑원은 회장이 무슨 뜻으로 그런 말을 하는지 몰라 어리둥절해하지 않을 수 없었다.

"그렇게 결과가 나왔다면 거기 눌러앉아서 땅을 흥정하고 사들여야지, 무엇하러 상경했느냐 이거야."

그러면서 정주영은 이내 껄껄대고 웃었다. 야단을 치는 것이 아니라 칭찬이라는 것을 뒤늦게 깨달은 전갑원도 입가에 빙그레 미소를 지었다.

정주영은 즉흥적인 판단에 의해 부하직원에게 일을 맡기는 경우가 많다. 그러나 그 순간적인 판단은 매우 날카로우며 치밀한 계산이 들어가 있다. 직원으로부터 보고를 받는 순간 그의 머리는 비상하게 돌아가 즉흥적인 판단을 내리도록 만드는 것이다. 그는 골치 아프게 고민하거나 끙끙거리지 않고, 매사를 쉽게 생각하고 재빨리 밀고 나가는 편이다.

"뭐든지 어렵다고 생각하면 한없이 어렵고, 쉽다고 생각하면 또 한없이 쉬운 법이다."

물론 그 내면에 치밀한 계산이 들어 있는 것도 사실이지만, 어려운 일도 쉽게 생각하고 달려들어야 쉽게 일이 해결된다고 평소 생각해 왔던 터다.

"모든 일의 성패는 그 일하는 사람의 사고와 자세에 달려 있다. 새로운 일에 도전한다는 것은 확실히 대단한 모험인 것이 사실이다. 모험이 없으면 제자리걸음을 해야 하고, 그 다음에는 뒤떨어지며, 그리고 그 다음에는 아주 주저앉게 된다."

정주영의 모험 정신을 엿볼 수 있는 대목이다.

앞서 얘기한 현대그룹의 공채출신 사원들은 정주영을 30년 이상 보필했다. 그들은 정주영을 회장님이 아니라 '아버님'으로 불렀다. 20만 명이나 되는 사원을 거느린 세계적인 대기업이 아니라, 마치 한솥밥 먹는 가부장적인 회사와 같았다. 그는 한솥밥을 먹는 가족의 입장에서 자신을 사장이나 회장이 아닌 집안의 큰형님처럼 대해주기를 사원들에게 바랐다.

훗날 정주영은 신입사원이 입사하면 함께 어울려 씨름을 즐기고 씨름대회가 끝나면 사원들과 함께 달이 기울 때까지 막걸리를 마셨다. 언젠가 정주영은 신입사원과 씨름을 하다가 갈빗대가 부러진 적이 있었는데, 그는 고통으로 가슴 한쪽을 움켜쥔 채 입으로는 '허허' 웃고 말았다는 건 유명한 일화다.

정주영은 그 자신이 젊은 날 막노동을 해본 경험이 있어 사원들이 육체적으로 매우 힘들다는 것을 늘 염두에 두고 있었다. 그래서 훗날 정주영은 이렇게 말한다.

"나는 성공한 기업가가 아니라 단지 부유한 노동자이다."

그만큼 격식을 차리기보다는 실제 행동을 중시했고, 부하를 부하가 아니라 아들처럼 여겼다. 정주영은 자신이 6남 2녀나 되는 많은 형제 중의 장남이자 장손으로 커왔으므로 그는 사원들을 마치 동생처럼 책임지고 보살펴주어야 한다는 생각을 가지고 있었던 것 같다.

또 하나 정주영의 특징 중에는 격식을 중시하지 않았던 점을 꼽고 있다. 관청에 들어가서는 자기보다 나이어린 과장, 심지어는 사무관에게까지 '~님'자를 붙여주었다. 그리고 그는 '누구를 데리고 있다'라는 말을 아주 싫어한 기업인이었다. 자신이 기업주이기는 하지만 함께 일하는 것이지, 월급을 준다고 해서 '데리고 있다'고 생각하지 않은 것이다.

울산에서의 일이다. 현대조선에 근무하던 말단근로자의 집을 정주영이 어느 날 불쑥 방문했다. 말단근로자들이 어떻게 사는가 하는 것을 보기 위해서였다. 그들의 생활형편이 여의치 않으면 회사 일도 열심히 할 수 없기 때문에 그들의 생활을 보살펴주는 데 관심이 많았다.

배고픔을 아는 기업주.

자신이 강원도 통천에서 어린 시절을 보낼 때 하루 두 끼, 그것도 아침에는 보리밥, 저녁에는 보리죽을 먹는 배고픈 생활을 해보

았고, 인천부두나 고려대 본관 신축공사장, 풍전 엿 공장, 철로 공
사판 등에서 막노동을 해본 경험이 있어 근로자의 어려움을 누구
보다도 잘 알고 있었기 때문이다.

감동 메모 -지금의 감동을 오래 간직해 보세요!

감동 메모 -지금의 감동을 오래 간직해 보세요!

정주영 경영정신 5

"위기는 항상
기회를 숨기고 있다"

시련이지
실패가 아니야

실패로 좌절하고 있는 이에게

나는 생명이 있는 한 실패는 없다고 생각한다.
내가 살아있고 건강한 한,
시련은 있을지언정 실패는 없다.
거대한 시련 앞이라도 긍정적으로 생각해 보아라.

나라티왓 고속도로 공사

정주영은 해외로 진출할 꿈을 가지고 있었다. 국내에서 낙동강 고령교 공사나 한강 인도교 공사 등을 비롯하여 건국 이래 최대의 공사였던 인천항 제1도크 복구공사도 맡아서 완성했다. 1960년엔 국내 건설업체 중에서 도급액 1위를 차지해 명실 공히 국내 최고의 건설회사가 되었고, 61년에는 중구 무교동 92번지에 현대건설 본사사옥을 건립함으로써 자신들만의 사옥을 갖기도 하였다.

현대건설의 신사옥은 지하 1층, 지상 7층의 연건평 910평인, 당시로서는 메머드급 빌딩이었다. 보기 드문 근대적 빌딩으로서 엘리베이터도 갖추고 있었는데, 당시 서울시내에 엘리베이터가 설비된 건물은 반도호텔 정도뿐이었다. 이 무교동 사옥은 1976년 세종로 사옥이 신축되기 이전까지 현대건설과 성장을 함께했다. 이어 1964년에는 단양 시멘트공장을 준공하여 건설업체로서의 자재조

달도 확보해 놓았으니 이제 국내에서는 현대건설을 당할 만한 건설 회사가 없게 된 것이다.

단양 시멘트 공장에서

　정주영은 몸이 근질근질해졌다. 국내에서 1위를 달성했으므로 이제 아시아로 나아가야 하지 않겠는가. 어디로 진출할 것인가를 놓고 한참 고민하고 있을 즈음, 마침 태국에서 고속도로 공사의 입찰이 있다는 소식이 들어왔다. 돈의 흐름을 귀신같이 감지하는 정주영의 구미가 당기지 않을 리가 없었다.

　"한번 해보자."

　그는 고속도로 공사 입찰경쟁에 뛰어들었고, 마침내 태국 파타니 나라티왓 고속도로 공사를 따내게 된다. 선진 16개국 29개 업체와의 경쟁 끝에 간신히 공사를 따낸 것이었다. 당시 현대는 공사 금액이 크므로 일단 수주를 하고 보자는 차원에서 최저 낙찰가로 응찰했다. 현장 사정을 전혀 모르는 상태에서 일단 수주를 한 것이다.

이는 국내 건설업계 최초의 해외진출이었다. 고속도로 공사를 해 본 경험이 전무한 한국의 건설업계에서는 일대 사건이었던 것이다. '이봐, 해보기나 했어?'라는, 정주영이 평생을 두고 자주 해오던 이 말을 실천이라도 하듯 그는 여러 사람들의 걱정을 물리치고 공사를 시작했다.

파타니-나라티왓 고속도로 공사는 태국 남부의 말레이시아 국경 인근에 있는 두 도시를 잇는 고속도로 공사였다. 나라티왓 지역은 불교국가인 태국에서 드물게 이슬람교가 번창한 곳이다. 지금도 관광기피지역인 그곳은 당시 현대건설이 공사를 할 때 이슬람교도들이 수시로 현장을 공격하는 등 방해가 심했고 현지 가이드들조차도 그곳에 가기를 꺼려할 정도였다. 2005년 당시 나라티왓은 과격세력에 의한 테러성 공격이 빈발하여 비상사태지역으로 선포되어 있다. 현대건설은 바로 그토록 위험한 지역에서 공사를 감행했던 것이다.

정주영은 이 공사에 전폭적인 지원과 관심을 쏟아 최고 기술진을 동원하였으며, 동생 정인영을 수시로 보내 현장을 독려하였다. 물론 본인도 시간이 날 때마다 태국으로 날아갔다.

"계약은 지켜야 돼! 어떤 어려움이 있더라도 일은 마쳐야 하고, 태국 정부에 고속도로를 기한 내에 끝내주는 게 우리 임무야."

그러나 공사가 시작되자마자 문제점이 하나 둘씩 고개를 내밀기 시작했다.

　나라티왓 고속도로 공사는 2차선으로, 98킬로미터의 고속도로를 30개월 내에 끝내는 것이었다. 공사 낙찰가액은 미화 522만 달러로 당시 한국 돈으로는 14억 7,900만 원대였다. 요즘으로 치면 작은 공사에 불과하지만 당시에는 엄청나게 큰 규모의 공사였다. 1966년 한국의 국내외 건설사들이 국내외에서 행한 모든 전체 계약금액의 61.6퍼센트에 달하는 우리 역사상 최대 규모의 해외공사였던 것이다.

　250여 명의 선발대 요원이 1965년 12월 29일 태국으로 건너갔다. 수도인 방콕에서 나라티왓까지 들어가는 데도 꼬박 24시간이 걸리는 험난한 여정이었다. 사람이 들어가기도 이렇게 어려운데 거기에 각종 공사장비와 물자를 조달하려니 그 어려움이 이만저만이 아니었다. 공사비를 아끼기 위해 우리나라에서부터 장비와 물자를 배로 실어 날랐기 때문이다. 고속도로 공사는 1966년 1월부터 본격적으로 시작되었다.

　하지만 공사는 어려웠다. 우선 날씨부터 문제였는데, 한국에서는 장마철에 주로 비가 오지만, 태국 현지는 시도 때도 없이 비가 왔다. 하루에 한번 스콜도 있었지만, 그 외에도 소낙비가 양동이로 쏟아붙는 것처럼 퍼부었다. 호우가 때리면 자연히 하던 일을 멈출 수밖에 없었다. 그것도 단 몇 시간 동안만 내리는 것이 아니라 사흘이고 나흘이고 비가 오는 때도 있었다. 자연히 공사기간이 늦어지고, 비가 와도 인건비는 주어야 하므로 예산 외의 돈이 더 들어갔다.

　본래 현대건설은 나라티왓 고속도로 공사에 쓸 아스콘(아스팔트 콘크리트)을 만들기 위해 서울에서부터 기능공을 직접 데리고 갔었다. 막상 현장에 도착해보니 비가 너무 많이 왔으므로 모래와 자갈이 항상 젖어 있어 그대로 시공할 경우 물이 너무 많아 아스콘이 제대로 제조되질 않았다.

현장기능공들은 고민에 빠졌다. 고민 끝에 아이디어를 낸 것이 건조기에 자갈을 넣어 말린 후 사용하자는 것이었다. 젖은 자갈을 세탁기처럼 건조기에 넣고 기름을 때서 말렸으나 쉽게 마르지가 않았다. 또 그런 원시적인 방법으로는 말려야 할 자갈의 양이 너무 많아 불가능했다.

어느 날 공사현장을 방문했던 정주영은 그러한 광경을 보고 "기름 값도 비싼데, 그 비싼 기름을 때면서 건조기에서 말릴 필요가 뭐가 있느냐"라고 이르더니, 잠시 후 새로운 아이디어를 제시했다.

나라티왓 고속도로 건설 현장

즉 자갈을 직접 철판 위에 올려놓고 구워보니 자갈의 건조속도가 빨라졌고 기름값도 절약됐다. 생산성이 약 두세 배 높아진 것이었다. 이렇게 해서 말린 자갈은 비닐로 덮어 물이 들어가지 못하도록 한 뒤 사용했다. 덕분에 공사 진척이 훨씬 빨라지게 되었다.

현대건설 직원들은 점차로 길을 뚫어가다가 계곡을 만나면 흙으로 덮었고, 산과 맞닥뜨리게 되면 그 산을 깎았다. 울창한 밀림을 만나면 나무를 베어내고 길을 뚫었다. 첫 해외공사인 만큼 정주영는 한 달에 한 번씩 현장으로 달려가 직원들을 직접 독려하였다.

어느 날엔가 공사를 하다 보니 10미터 깊이의 계곡이 나타났다. 그 계곡 사이를 흙으로 메우고 아스팔트를 덮어 도로를 내야 한다는 생각에, 늘상 한국에서 하던 식으로 인근의 산을 불도저로 밀어 계곡을 덮어버리고 그 위에 아스팔트를 깔았다. 기껏 아스팔트를 거의 다 깔고 났는데 미국인 현장감리가 오더니 고개를 갸우뚱거렸다. 무른 진흙 위에 아스팔트를 깔았으므로 곧 꺼질 위험이 크다며, 덧붙여 아스팔트 강도검사를 당장 하자고 요구했다. 결과는 불합격이었다.

불안한 지반을 단단하게 메우기 위한 방법이 없을까 모두들 궁리하기 시작했다. 마침 인근에 독일 회사가 고속도로 공사를 하고 있다는 정보에, 직원들은 조금의 아이디어라도 얻을까 싶어 그곳을 가보았다.

독일의 건설회사는 땅을 다지는 데 무려 12대의 로더를 사용하고 있었다. 당시 현대건설은 단 한 대의 로더만을 사용하여 땅을 다지고 있었으므로 애초부터 게임이 안 되었던 것이다. 한 대의 로더와 12대의 로더를 사용한 땅 중에 어느 것이 더 단단할 것인가, 너무나 바보 같은 질문인 것이다. 현대건설은 로더를 그제야 추가로 구입하여 공사에 들어갔다.

절반의 실패,
절반의 성공

어렵사리 공사를 했는데도 불구하고 미국인 감리회사는 공사현장을 돌아본 후 재시공을 지시하는 일이 빈발했다. 심지어 미국인 감리사는 방금 깐 아스팔트를 모두 뜯어내고 다시 공사를 하라고 지시하기까지 했다. 손해가 이만저만이 아니었다. 그때 정주영은 또 아이디어를 냈다.

"공사를 조금씩 해놓고 감리를 받으니까 뜯으라고 하는 거 아니냐. 아예 공사를 거의 끝내놓고 감리를 받으면 뜯으라는 이야기를 못 할 거야."

정주영의 지시대로 현장직원들은 일단 공사를 거의 끝내놓고 감리를 받는 방법을 택했다. 며칠 후 미국인 감리가 나타나 요모조모 꼼꼼히 살피더니 국제시방서에 맞지 않는다며 아스팔트를 모조리 뜯어내고 재시공하라는 지시를 내렸다. 환장할 노릇이었다. 거의 다 끝난 도로공사를 모조리 뜯어내고 다시 하라니……. 이제는 공사비도 공사비려니와 계약기간 내에 공사를 끝낼 수 있을지도 의문이었다.

정주영은 미국인 감리를 설득하라고 지시했다. 현장직원들은 미국인 감리를 만나 밥도 사주고 술도 사주는 등 한국식으로 접대를 했지만, 미국인 감리는 먹을 것을 다 챙겨먹고도 문제가 되는 부분에서는 역시 재시공을 지시했다. 하는 수 없이 정주영이 서울에서부터 태국으로 날아가 미국인 감리를 직접 상대하기로 했다. 정주영이 며칠 동안 설득했으나, 그는 원칙대로 할 뿐 단 한 발자국도 양보하지 않았다. 방법이 없었다.

정주영은 어느 날 재시공 지시를 받은 고속도로 구간에 의자를 가져다 놓고 그 위에 앉아 며칠 동안 꼼짝도 하지 않았다. 40도를 웃도는 날씨에 때때로 폭우가 쏟아졌지만, 그 의자 위에서 끝까지 버텼다. 고집으로 치면 둘째가라면 서러울 사람이 정주영이다.

그러나 미국인 감리도 만만치 않았다. 정주영의 며칠간에 걸친 단독 시위에도 불구하고 미국인 감리는 조금도 물러서지 않았다. 원칙대로, 시방서대로 공사를 해야 한다는 자신의 고집을 절대 꺾지 않았던 미국인 감리에게, 천하의 정주영도 결국 두 손을 들고 말았다. 혹자는 정주영의 고집을 꺾은 최초의 사건이라 말하기도 한다.

당시 나라티왓 공사현장의 기술직 과장이었던 임형택(전 한라건설 부사장)은 "시행착오를 겪으면서 하나하나 배우며 공사를 감행했다"고 그 시절을 기억한다. 나라티왓 공사가 얼마나 힘이 들었는지 당시 공사를 수주했던 정세영은 말라리아 병의 일종인 풍토병까지 걸리게 됐다.

공사를 하다가 장비가 모자라면 사들이고 하는 방식으로 결국 공사를 29개월 만에 완공했다. 14억 7,900만 원에 수주를 했는데 공사가 끝나고 나니 투입된 금액은 17억 6,700만 원이었다. 당시로 서는 엄청난 금액인 2억 8,800만 원의 적자가 난 것이다. 한국에서 하던 방식대로 했으면 굳이 장비를 더 사지 않아도 되었겠지만, 태 국의 고속도로 공사에서는 국제적인 규격에 맞는 시공을 요구했으 므로 추가비용이 드는 것을 피하지 못했다.

당시 그 공사 현장에서 일했던 이명박은 "태국 고속도로 건설은 대한민국이 국제 스탠더드로 가는 첫 시발점이었다."라고 말한다.

공사는 끝났으나 현대건설이 입은 타격은 너무나 컸다. 이때의 경험을 통해서 국제사회에서는 반드시 원칙대로 일해야 하고 최상 의 질을 유지해야 살아남을 수 있다는 것을 배우게 된다. 훗날 공 사가 끝나고 나서 고집을 꺾지 않았던 미국인 감리는 현대건설의 열렬한 팬이 된다.

"당신들이 열심히 일하고 추진하는 것을 보니 놀라웠다. 열심히 했기 때문에 좀 봐주고 싶었으나, 그렇게 하면 앞으로 더 못 클 것 같아 도와주는 의미에서 내가 더 심하게 했다."

이후 그는 국제경쟁입찰 때마다 현대건설에 개인적인 자문을 해 주기도 하였다.

현대건설은 첫 해외진출 공사인 태국 고속도로 공사에서 막대한 금전적 손해를 보긴 했지만, 한편 공사 기간을 엄수하여 끝냈으므로 태국 정부로부터 깊은 신뢰를 받는다. 태국 정부는 현대건설이 막대한 적자를 보았다는 사실을 알게 되자 그에 대한 보답으로 몇 가지 공사를 더 맡기게 되는데, 탁토엔 고속도로 공사, 양희 매립공사, 랑수앙파타룽 고속도로 공사, 수판부리차이낫 고속도로 동사 등 여러 건의 공사를 계속 발주했다. 1965년에 태국에 진출한 현대는 이후 1970년대 중반까지 모두 7개 공사, 총 62억 2,970만 원 어치의 공사를 수행하게 된다.

금전적인 손해를 피하지는 못했지만, 실패 이면에는 늘 배움의 선물이 주어지듯이, 현대는 태국에서의 공사를 통해 국제공사의 노하우와 고속도로 시공기술을 더욱 노련하게 습득할 수 있었다. 이는 기술적 경험의 축적과 함께 향후 벌어지는 해외공사에서도 유용하게 쓰였음은 당연하다.

태국 고속도로 공사에서 정주영이 막대한 손해를 보았다는 소문은 청와대 안까지 퍼졌다. 박정희 대통령은 무언가 생각이 있어 정주영을 청와대로 불렀다.

"정 사장! 이번 태국 공사에서 손해를 좀 본 모양이죠?"

"손해라기보단 수험료치고는 좀 비싼 수업료를 낸 셈이죠. 내년 3월쯤이면 지금 하는 공사를 끝내게 되는데, 미리 따놓은 탁토엔 고속도로 공사가 또 있습니다. 그 공사에서 복구를 하면 미리 낸 수업료를 되돌려 받게 되는 셈이지요."

그러자 박정희 대통령은 진지하게 대답한다.

"제발 태국에서 밑진 것은 태국에서 찾아오도록 해주시오."

"걱정 마십시오. 태국까지 나갔다가 밑지고 돌아올 수야 있습니까? 어떻게 해서든 벌어가지고 돌아와야지요."

정주영은 태국 파타니-나라티왓 고속도로 공사에서 실패를 했다고 생각하지 않았다. 비록 많은 공사 대금을 날리긴 하였지만, 거듭되는 시행착오를 재빨리 시정하는 과정에서 얻은 새로운 경험과 노하우의 축적만으로도 큰 수확이라고 생각했던 것이다. 그 노하우의 축적은 타국이 아닌 바로 대한민국, 즉 훗날 경부고속도로 공사로 이어진다.

베트콩의 공격을 맞으며

'상쾌한 아침이다, 걸어서 가자.'

라디오에서 이런 노래가 흘러나왔다. 60년대 중반 서울의 하늘은 눈부시게 파랬다. 아직 공해가 없었던 그 시절, 서울 시청 청사에는 '인구 350만의 서울'이라는 간판이 서 있었다.

그리고 그 대각선으로 덕수궁 방향에는 '국산품 전시관'이라는 것이 상설로 문을 열고 있었다. 거기에 가면 이제 막 태동한 한국의 기업들이 만든 운동화며 옷가지, 심지어는 소금까지도 전시를 해놓고 판매했다. 이따금씩 경북 포항 앞바다에서 잡은 고래를 전시하여 사람들의 이목을 끌기도 했다. 2월에는 구로동 수출산업공단이 기공되어 '이제는 우리도 하면 된다'는 자신감이 생기기 시작하던 때였다.

그때 우리나라는 월남에 비전투 병력인 비둘기 공병부대 2,000명을 파견한 데 이어, 호랑이도 때려잡는다는 맹호부대까지 월남전에 파견했다. 학생들은 부산항에 나가 태극기를 흔들면서 "가시는 고웃 워얼남따앙, 하늘은 멀더라도……" 하고 노래하면서 파월용사들을 떠나보냈다.

1966년 1월, 정주영도 월남전에 뛰어들었다. 우리나라는 파병 등 군사원조를 하는 한편으로 월남의 건설 사업에 참여할 수 있는 자격을 얻었기 때문이다. 한국의 건설업체들은 월남전 복구 사업에 대한 건설 및 토목 분야에 주로 참여했다. 건설 분야에서는 현대건설이 준설산업을 주로 맡았고, 대림산업은 항만 분야에 진출했다. 이외에도 수많은 한국의 기술자들이 미국계 회사 등에 하청의 형태로 취업하여, 월남에 가서 일을 하기 시작했다.

월남 캄란만 미군기지에서

정주영은 태국의 나라티왓 고속도로 공사에서 큰 적자를 보았지만, 그 경험을 바탕으로 월남에서는 절대 실수하지 않으리라 마음먹고 사전 조사를 철저히 했다. 월남이나 태국 모두 기후나 토양 등의 여건이 유사했기 때문에 조금은 자신이 있었다.

현대가 처음 따낸 공사는 캄란만 군사기지 준설공사였다. 캄란만은 남중국해에 면해있는 천혜의 항구로 미군의 전쟁물자가 도착하는 월남의 전략요충 항구였다.

인구 3만 명의 소도시인 캄란은 인근에 높은 산들이 많아 열대성 활엽수들이 밀림을 이루고 있는 곳이다. 또한 하천 지역에는 관목과 숲이 우거져 있어 월남전 당시 미 해군의 항구로 사용되었다. 또한 산으로 둘러싸인 터라 그만큼 동굴도 많아 베트콩들이 은신하기에 좋았다. 그들은 낮에 동굴 속에 숨어 있다가 밤이 되면 숲 속에서 기어 나와 기습공격을 감행하였다.

한국에서 파견된 전투병들은 모두 캄란을 통해 인도차이나 반도에 상륙했다. 월남전 당시 캄란에는 술집이 많았는데, 토요일 밤 나이트 클럽 한 곳에서 600박스의 맥주가 팔릴 정도였고, 식당에서는 아예 비빔밥, 잡채밥, 김치찌개, 냉면 등 한국 병사들을 겨냥한 음식을 만들어 팔기도 하였다.

미국은 월남전을 승리로 이끌기 위해 산더미 같은 전쟁물자를 캄란 항에 하역해야 했다. 그러나 캄란만은 엄청난 전쟁물자를 하역하기에는 접안시설이 턱없이 부족했으므로 미국으로서는 캄란만을 대대적으로 준설해서 대규모 기지로 만들어야 할 필요가 있었다. 캄란만에는 이미 군사기지 건설을 위해 미국, 호주, 싱가포르, 일본, 프랑스 등에서 나온 21척의 준설선이 공사를 시작했다.

캄란 소도시 건설공사는 현대건설의 창립 이래 최대 규모의 공사였다. 입찰 당시부터 정주영을 비롯한 회사의 간부들은 이 공사를 따내기 위해 목숨을 걸었고, 결국 현대에 낙찰된 후 총알이 빗발치는 월남에서 제일 먼저 이 공사를 수행하게 된다.

캄란 소도시 건설공사에 이어 또 다른 큰 공사가 터졌다. 메콩 강 갈대숲 준설공사였다. 메콩 강은 동남아시아 최대의 강으로 길이가 4,200킬로미터이며, 강유역의 면적도 80만 평방킬로미터, 즉 한반도의 3배 규모인 것이다. 인도차이나 반도의 대동맥이자 월남의 젖줄인 이 메콩 강에 거대한 삼각주가 형성된 것인데, 월남 사람들은 아홉 개의 강줄기를 가리켜 구룡이라고 한다. 그 구룡이 만든 것이 드넓은 메콩 강 삼각주인 것이다.

호치민 시에서 남서쪽으로 70킬로미터 떨어진 메콩 강 삼각주의 소도시 미토는 옛날부터 쌀 생산지로 유명한 곳이지만, 전쟁 시 소규모 전투가 가장 많이 일어난 곳이기도 하다. 아무래도 미국 9사단이 이곳에 주둔해 있었던 이유가 클 것이다.

1970년도에 발행된 신문 기사를 보면 다음과 같이 적혀 있다.

"미-월 하천 초계정은 약 96킬로미터의 메콩 강 유역의 공산군을 소탕."

"메콩 강 작전에 50밀리미터 기관포를 장착한 38척의 미 해군 초계정과 해병대를 실은 길이 350피트의 상륙정 두 척, 월남 초계정 60척이 참가."

"미-월 혼성 함대 140척, 메콩 강 상류로 진격."

미국과 월남군이 메콩강 유역을 장악하기 위해 얼마나 노력했는가를 보여주는 대목이다.

메콩 강 유역에서 미군의 피해가 워낙 컸으므로 미군은 이 강을 둘러싼 갈대숲을 장악하지 않으면 안 되었다. 결국 미군은 베트콩의 기습루트를 차단하고 메콩 강 수로를 이용해서 군수물자를 운반하기 위해 준설계획을 세웠다. 메콩 강의 바닥이 얕았으므로 그것을 파려고 한 것이다.

당시 미국의 준설선 자마이카 호는 8,000마력의 강력 엔진으로 메콩 강에서 토사를 파 올려 그걸로 메콩 강 델타의 수풀을 덮는 작업을 하고 있었다. 말하자면 시계視界 청소였는데, 이 작업 후 미군은 메콩 강 연안에 항로를 낼 계획을 갖고 있었다.

메콩 강 델타는 곡창으로 유명해 베트콩에게도 식량조달창구 역할을 톡톡히 했으므로 이곳을 미군에게 빼앗기고 싶지 않았던 베트콩은 어느 날 준설선 자메이카 호를 폭파해버렸다. 결국 자메이카 호는 침몰해 버렸고, 이에 화가 난 미군이 가만있을 리 없었다. 웨스트모어랜드 미국 월남 사령관은 스미드 해군소장에게 서둘러 공사를 재개하라고 명령했고, 캄란 소도시 건설공사를 해치운 현대의 실력을 눈여겨보았던 미군 측은 현대를 메콩 강 델타 준설공사 회사로 지목했다.

천하의 정주영도 이때는 몸을 사렸다. 베트콩이 미국의 준설선 자메이카 호를 폭파시켜 버릴 정도인데, '현대'인들 살아남을 수 있을까 하는 두려움이 들었다. 미9사단 사령관은 급기야 권총을 빼들고 위협하며, 지금 당장 공사를 하지 않으면 모두 다 죽여버리겠다고 으름장을 놓았다. 그만큼 미군 측도 엄청난 사상자가 발생해 다급했다. 베트콩이 삼각주의 갈대숲에 숨어 있다가 야간이면 기습을 했고, 물속으로 수영을 해서 접근하여 미군 숙소를 급습하기도 했다.

결국 현대는 그간 지지부진하게 일을 진행하던 호주 등 3개국 공사팀의 일을 그대로 떠맡았다. 당시 그곳에 근무했던 현대건설 사원 이원현(전 한빛 하이테크 엔지니어링 기술고문)의 말이다.

"1966년 3월부터 베트남 중동부 캄란만에서 미군 발주의 준설공사를 수행했지요. 대규모 미군 기지를 만드는 것이었습니다. 공사를 한창 하고 있는데 갑자기 미군들이 미토 시로 옮겨가서 준설공사를 하라는 거예요. 알고 보니 미토에서 준설공사를 하던 미국의 준설선 자메이카 호가 베트콩의 공격을 받고 침몰했다고 하더군요. 미9사단은 새로 업자를 차출하려고 하였으나 누구도 지원하지 않아 결국은 현대건설 직원들이 하는 수 없이 들어간 겁니다."

준설선 '현대 1호'는 결국 메콩 강 델타로 이동했다. 예상대로 메콩강 델타에서는 미군과 베트콩의 격전이 한창 치열했는데, 숲에는 베트콩이 24시간 숨어서 공격을 해댔으며 밤에는 조명탄이 쏘아 올려지는, 그야말로 밤낮 없는 격전지였다.

현대는 강바닥의 흙을 퍼 올려 메콩강 갈대숲을 덮어나갔다. 갈대숲은 사람 키보다 더 높게 우거져 베트콩들이 매복하고 있기에는 천혜의 요새였다. 가만있을 리 없는 베트콩들은 공사를 하고 있는 도중 수도 없이 기습 공격을 감행했다.

현대건설 직원들이 공사를 시작하고 일주일쯤 지났을 때 편지가 한 통 도착했다. 편지를 보낸 사람은 베트콩 장교였다.

'지금 당장 철수하지 않으면 미국의 자메이카 호처럼 침몰시켜 버리겠다.'

현대건설은 우선 준설선 안쪽에 철도 침목을 깔아 방어막을 쳤다. 베트콩의 박격포 공격에 배가 가라앉지 않도록 하기 위함이었다. 그것을 안 베트콩들은 더욱 집요하게 공격해왔다. 미9사단은 1개 소대 40명을 보내 공사를 경호했고, 그러자 베트콩들은 물밑으로 수영을 해와 준설선에 접근해왔다. 미9사단 측에서는 5분 간격으로 배 주위에 수류탄을 까 넣었다.

베트콩의 구정 공세

모든 현장 직원과 기능공들은 공포에 떨어야만 했다. 현장의 부식공급은 주로 반오이 시에서 200킬로미터 떨어져있는 나트랑 시에서 조달하였는데, 도중에 부식공급차가 베트콩의 습격을 받아 전복되는 사고도 있었다. 1968년 1월 구정 공세 때에는 저녁식사를 하고 난 후 현장숙소 안에 있는 현장 간부가 베트콩의 기습을 받기도 하였다.

그러나 그 와중에서도 공사는 계속되어, 현대의 직원들은 낮이면 메콩 강 토사를 퍼 올려 주변 수풀을 덮어 나갔다. 하지만 장비가 절대적으로 부족했다. 정주영은 4,000마력짜리 현대 2호를 추가 투입하면서 전쟁의 포화에도 아랑곳하지 않고 공사를 완료하게 된다.

목숨을 내놓고 월남전 와중에 공사를 마친 현대는 1966년 캄란 항 준설공사를 비롯해서, 72년 전까지 네 건의 준설공사를 완료했고 소도시 건설공사와 항만공사 등을 합하여 66억 2,230만 원을 벌어들였다. 모두 흑자였다.

이처럼 월남전에서 상당한 이익을 낸 현대는 재정적인 이익과 더불어 또 한 번 해외진출공사에서 귀중한 경험을 쌓게 되었고, 이는 태국에서의 경험과 더불어 국내 경부고속도로 착공에 커다란 길잡이가 되었다.

소양강댐 공사

일이 있는 곳이면 어디든 달려가는 것이 정주영의 장기이다. 이번에는 댐 공사였다. 공사현장은 강원도 춘천의 소양강.

소양강 다목적댐은 동양 최대의 사력댐이다. 시원스러운 호수 너머에 고려시대의 고찰인 청평사가 있고, 그 위로는 유명한 오봉산이 있다. 바로 이 소양호 지역의 아름다운 관광자원이 생기게 된 것은 1967년 소양강 다목적댐이 건설되었기 때문이다.

이 공사에서 정주영은 우리나라 건설공사상 유례없는 선례를 만들어낸다. 이른 바 '대안공사'라는 것이다. 즉 발주자 쪽에서 원하는 것보다 더 경제적이고 효과적인 방법이 있을 경우 적극적으로 발주자를 설득하여 서로의 이익을 증가시키는 방법을 모색한다는 것이다. 당시 한국 건설업계의 풍토에서 이러한 행위는 자살 행위와 같은 것이었다. 공무원들의 권한이 세기 때문에 수주자인 거설업체 입장에서 그런 행동을 취하는 것은 매우 건방진 발상이었던 것이었다.

1967년 건설부는 애초부터 소양강댐을 콘크리트댐으로 설계하도록 규정을 만들어놓고 있었고, 이 공사는 대일청구권 자금의 일부가 투입된 것이었으므로 당연히 일본계 건설회사인 일본공영이 설계에서 기술용역까지 맡도록 사전에 내정되었다. 당시 일본공영은 댐에 관한 한 구보타 회장에서부터 그 아래의 사장, 부사장 등 모두가 댐 건설계의 세계적인 권위자들이었다.

이에 반해 당시 현대건설은 댐 건설에 관해서는 기술 축적이 되어 있지 않았으므로 일본공영의 하청업체로 남을 수밖에 없은 불리한 입장이었다. 일본공영이 댐 건설을 주도하면서 현대건설이 하청업자가 될 경우, 우리나라는 노동력만 제공하고 실제 공사의 대가는 일본으로 고스란히 넘어가게 되어있는 상황이었다.

일본공영 측의 설계는 콘크리트 중력댐이었다. 그러나 철근과 시멘트 등 기초자재가 절대적으로 부족한 한국의 실정으로 볼 때 그러한 대규모 토목공사를 감당하기에는 역부족이었다. 또 필요한 자재를 만들어낼 능력이 있다 하더라도 소양강까지 운반하기 위해서는 수십만 대의 트럭이 필요할 것이지만, 당시 한국에는 그렇게 많은 물자를 운반할 수 있을 만큼 트럭이 없었다. 설계는 당연히 일본공영이 맡고 기술 용역도 일본공영이 맡았으므로 건설에 필요한 막대한 돈은 다시 일본으로 나갈 수밖에 없었다. 그때 정주영은 일본인들의 저의를 읽을 수 있었다.

정주영과 현대건설의 권기태 상무는 소양강댐이 신축될 현지를 돌아보았다. 정주영은 소양강댐 근처에 모래와 자갈이 무진장으로 널려 있는 것을 보았다. 전문가인 권기태도 땅바닥에 자원이 무진장으로 널려있는데도 불구하고 굳이 철근 콘크리트로 댐을 만드는 것은 국력의 낭비라고 생각했다. 두 사람의 생각이 일치하자 정주영은 사력댐으로 공사할 것을 서둘러 당국에 건의하게 된다.

당시 우리나라 건설업계의 관행은 정부가 발주한 공사에 일개 건설업자가 감히 이러쿵저러쿵 하는 것은 있을 수 없는 일이었다. 대부분의 건설업자들이 건설부에서 파견된 기술감독의 지시에 따라 고분고분 응하는 것이 그 시절의 관행이었다.

일본공영이 제시한 설계안은 이무 수자원개발공사에서 심사를 끝내고 건설부에서 승인까지 떨어진 확정된 공사설계였다. 상황이 이렇게 되어버렸는데도 현대건설의 정주영은 당시 건설업계의 관행을 무시하고 사력댐 안을 간절하게 제시한 것이었다.

그가 만든 사력댐 안은 주무부서에 올라가자마자 맹렬한 반대에 부딪혔고 이내 빈축을 샀다. 주무부서에서는 일개 건설업자에 불과한 정주영이 사력댐 안을 감히 만들어 당국에 도전한다고 비난했으며, 모든 일이 거의 다 결정된 상황에서 이의를 제기하자 그에게 갖은 공갈과 협박을 서슴지 않았다. 정주영은 물러서지 않았다.

결국 회의가 열렸다. 현대건설에서는 정주영과 전갑원 토목담당 기사가 참석했고, 일본공영에서는 동경대 출신의 하시모토 부사장이 참석했으며, 건설부와 수자원개발공사에서도 내로라하는 기술자들이 참석했다. 정주영이 자신의 의지대로 사력댐 안을 주장하자 일본공영의 사토 사장이 이렇게 얘기했다.

"정 사장, 당신이 댐에 대해서 뭘 안다고 그러시오. 어디서 댐 공부를 하셨소? 우리 일본공영은 동경대 출신들이 회사를 이끌고 있는 기업이오. 전 세계의 큰 댐은 거의 모두 우리가 했는데, 소학교밖에 안 나온 무식한 삶이 '사력댐으로 공사하면 지방상수도 공사 열 번 할 수 있는 돈을 절약한다'느니 하는 쓸데없는 소리를 해서 왜 다된 문제를 소란스럽게 만드시오."

그러나 정주영도 지지 않았다. 그는 콘크리트댐으로 설계된 소양강댐을 어스(earth)댐인 사력댐으로 설계를 바꾸어 보자고 제안했다. 현대건설은 이미 프랑스 사람이 설계했던 태국의 파손 댐 건설에 입찰한 경험이 있었는데, 그때 현대건설은 콘크리트댐과 사력댐에 대한 지식과 정보를 어느 정도 습득하게 되었다. 게다가 설계변경을 위해 자료를 조사해 보니 2차 세계대전 이후 100미터가 넘는 댐은 대체로 사력댐으로 만드는 것이 세계적인 추세라는 것을 간파했다.

정주영은 그러한 사례를 제시하면서 건설부에 사력댐 안을 다시 한 번 강력하게 요구했다. 그 제안 이후 정주영은 관의 권위를 무시했다는 반감으로 온갖 모욕을 당하게 된다. 또한 세계 굴지의 댐 건설업체인 일본공영으로부터도 인간적인 모욕을 많이 당했다. 그들의 논리는 하나같이 '초등학교밖에 나오지 않은 당신이 뭘 아느냐'는 것이었다.

당시 현대건설의 직원들은 서울공대 출신들이 꽤 많았으나 건설부를 비롯한 수자원개발공사의 관리들이 모두 서울공대의 까마득한 선배들이어서 감히 입을 열 수가 없었다. 그러나 정주영은 굽히지 않았다. 건설부장관은 일본공영과 작업하기로 거의 다 내정되어 있던 상황에서 현대건설의 정주영이 이의를 제기하자 몹시 곤혹스러웠다.

결국 장관은 이 사실을 박정희 대통령에게까지 보고하게 되는데, 대통령은 정주영을 직접 청와대로 불러 장관과 함께 정확한 상황을 보고 받았다. 건설부장관은 대통령에게 이렇게 보고했다.

"현대의 정주영 사장이 하자는 대로 하면 큰일 납니다. 댐을 만드는 도중에 물이 반쯤 정도 찼을 때 예측하지 못한 큰 비가 오게 되면 댐이 쓸려나가고, 서울시가 물에 잠겨 정권이 흔들리게 됩니다."

그러자 박 대통령이 물었다.

"그렇다면 댐에 물이 반쯤 찼을 때 무너져도 서울이 물바다가 된다면, 무려 126미터의 콘크리트댐이 완공되어 물이 완전히 찼을 때 북한에서 거기에다 폭격이라도 하게 되면……, 그 때는 더 큰일이 아닌가?"

박정희 대통령은 늘 북한 때문에 유사시에 전쟁이 터질지도 모른다고 생각하고 있었다. 대통령이 이번에는 정주영에게 사력댐을 주장하는 이유를 물었다.

"콘크리트댐은 폭탄을 맞으면 박살납니다. 그러나 모래와 진흙으로 건설한 사력댐은 폭탄이 떨어져도 그 자리에 웅덩이만 생길 뿐 댐이 터지지는 않습니다."

당시 정주영이 제시한 공법은 2차 세계대전 이후에 댐의 전략적 위치가 중요시되면서 일반화되고 있는 공법이었다. 박정희 대통령은 자신이 포병 출신이었으므로 정주영의 견해가 일리 있다고 판단했다. 결국 대통령은 건설부장관에게 다시 한 번 재검토해보라고 지시를 내렸고, 주무부서인 건설부는 일본공영이 만든 콘크리트댐 건설안과 현대건설이 만든 사력댐 건설안 두 가지를 가지고 다시 연구에 들어갔다.

2개월이 지났다. 그날 정주영은 전날 밤 너무 과음하여 위경련이 나는 바람에 세브란스병원에서 진료를 받고 있었다. 그때 일본공영의 구보타 회장과 사장이 병원으로 문안 오겠다는 연락이 왔다. 구보타 회장은 일제하 때 북한에 있는 수풍댐을 직접 만든 당사자였다. 이미 팔순이 넘은 구보타 회장은 정주영에게 90도 각도로 고개를 숙이며 이렇게 말했다.

"우리 회사의 사토 사장은 콘크리트댐의 전문가이지 사력댐의 전문가는 아닙니다. 그 사람은 자신이 콘크리트댐의 전문가이기 때문에 그 선입관으로 콘크리트댐의 설계를 한 것입니다. 제가 현장의 모든 조건을 검토해 보았는데 소양강 지역의 암반이 취약하여 콘크리트댐보다 오히려 사력댐으로 건설해야 할 것으로 판단했습니다. 정 사장의 말씀대로 지방에 상수도공사 열 번까지는 안 되겠지만, 그래도 경비가 많이 절약되는 것은 사실입니다."

댐 건설의 전문가인 일본공영의 구보타 회장이 정주영의 손을 들어주는 순간이었다. 1937년도 압록강에 수풍댐을 건설한 일본인 노老 엔지니어는 정주영의 판단에 전적으로 동의했다. 소양강은 강바닥의 암반이 약하기 때문에 콘크리트댐을 건설할 수 없다는 것이었다. 결국 소양강댐은 당초 예산의 30퍼센트인 630억 원이 줄어든 사력댐으로 설계를 바꾸어 완공되었다.

감동 메모 -지금의 감동을 오래 간직해 보세요!

감동 메모 -지금의 감동을 오래 간직해 보세요!

정주영 경영정신 6

"기업가는
부유한 노동자가
되어야 한다"

운이 없다고 생각하니까
운이 나빠지는 거야

운 탓만 하는 이에게

운이란 시간과 같은 말이다.
그래서 누구나 나쁜 운과 좋은 운을 동시에 가지고 있고
좋은 운이란, 하루 24시간 일 년 사계절 중에서
즐겁게 일할 수 있는 시간이 좋은 운이란다.
이것을 놓치지 않고 열심히 일하는 사람에게는
나쁜 운이 들어올 틈은 없다.
운은 결국 자기가 만들어가는 거란다.

자동차 수리업자가
자동차 왕으로

1976년 새해가 밝았다. 정주영에게는 또 새로운 일이 기다리고 있었다.

그해 1월에 현대자동차에서 만든 포니 승용차가 처음으로 세상에 선을 보인 것이다. 이미 현대 차는 74년도에 국내승용차 시장의 80.5퍼센트를 점유하고 있었으나, 그 이듬해인 75년에는 기아산업의 브리사가 본격적으로 출시되자 점유율이 역전되기에 이른다. 기아가 58퍼센트의 시장을 점유하면서 1위로 떠올랐고, 현대는 36.8퍼센트로 2위, GM코리아가 15퍼센트로 3위가 된 것이다. 따라서 현대는 신형 승용차 포니를 출시함으로써 치열한 시장 쟁탈전으로 뛰어들게 된다.

정주영이 자동차를 생산하게 된 배경에는 설이 구구하다. 그가 젊었을 때 아도서비스공업사를 설립해서 자동차 수리를 전문적으

로 한 이유도 있겠고, 또 한 가지 이유로 건설업은 외상, 즉 어음장
사인데 자동차는 100퍼센트 현금 장사이기 때문이라는 설도 있다.

"건설업은 외상 때문에 못 해먹겠어. 자동차는 현금 장사이니 좋
은데 말야."
정주영이 자동차공업협회 이사장이었던 윤준모에게 한 말이다.

정주영은 일찍이 자동차에 관해서 상당한 지식을 쌓고 있었고,
고장 난 자동차의 보닛을 열어보고 어디가 고장이 났는지를 알 정
도였으니 이 업계를 공격적으로 도전해보는 것도 어느 정도 자신
이 있었다.

그러나 자동차 수리와 생산은 전혀 다르다. 자동차에는 2만5천
개의 부품이 들어가고, 그 부품의 상당 부분을 직접 만들 수 있는
능력이 있어야 하는 것이다. 당시 한국에는 신진공업과 주식회사
새나라 자동차가 유일하게 국산 자동차를 생산하고 있었는데, 신
진공업은 64년도에 216대, 65년도에는 106대를 생산했다가 1966년
일본의 도요타자동차와 기술제휴를 한 후에는 3,117대를 생산하기
에 이른다. 물론 자동차 부품의 상당 부분은 외국에서 수입할 수
밖에 없었다.

새나라 자동차의 경우, 일본 닛산자동차에서 생산된 블루버드의
부품을 100퍼센트 들여다 써서 사실상 일제나 다름없었다. 여타
의 자동차도 극단적으로 말하면 자동차 껍데기 정도만 한국에서
만들었다 해도 과언이 아니었다. 굳이 말하자면 1966년도의 국산

화율은 21퍼센트였는데, 타이어와 배터리 외에 소소한 부품들이 고작이었다. 그만큼 우리나라는 자동차 부품 생산에 대한 기술이 거의 없었다는 얘기다.

당시 미국의 포드 사는 한국에 자동차 사업 진출을 강력하게 희망하고 있었고, 그 해 4월 포드자동차 국제담당 부사장이 한국의 업체들과 협의하기 위해 내한했다. 현대는 포드자동차 측과의 면담 대상에 그 이름조차 올리지 못했다. 포드의 입장에서 볼 때 현대는 자동차와는 무관한 건설업체 정도에 불과했기 때문이다. 포드 측은 한국의 자동차업체 몇 사람과 접촉을 하곤 이내 돌아가 버렸다.

정주영은 단양 시멘트공장 확장공사를 위해 차관교섭 차 미국에 가 있던 그의 아우 정인영에게 전화를 걸어, 포드 사와 자동차 조립 기술 계약을 맺고 들어오라고 지시했다. 정말로 느닷없는 지시였다.

정인영은 포드 사를 찾아 정주영이 원래 자동차 수리기술자 출신이라는 것을 앞세워 포드 사의 한국 업계 면담 대상자에 올려달라고 설득했다. 다행히 설득은 주효했고, 현대는 일단 포드 사의 면담 대상에 포함되었다. 포드 사는 그 후 합작 파트너를 고르기 위해 면밀한 조사를 실시했는데, 이 조사에는 주한 미국대사관은 물론 정보기관까지 움직였다.

조사 결과, 현대와 정주영의 신용도는 조사대상 기업 중 1위였고, 현대에 대해 드디어 관심을 갖게 된 포드 측은 다시 국제담당 부사장을 한국에 보내 면담을 실시했다.

정주영과의 면담 기간은 모두 사흘이었다. 그러나 면담은 단 두 시간 만에 끝나버렸다. 이유인즉 정주영이 자동차 엔진의 구조에서부터 변속장치, 제동장치, 1만여 개의 부품과 그 명칭에 이르기까지 줄줄이 설명을 하자 더 이상 오래 이야기할 필요성을 느끼지 못했기 때문이다.

포드 측은 내한한 바로 다음날 정주영과 자동차 조립기술 계약을 체결했다. 당시의 합작비율은 현대가 21퍼센트, 포드가 79퍼센트였다. 정주영은 당장에 현대자동차 공장을 울산에 짓고, 3년 안으로 첫 생산품의 출시를 계획하였다. 그러나 정주영은 그렇게 긴 시간을 투자하지 않았다. 1968년, 단 1년 만에 첫 제품인 코티나 자동차를 생산하여 곧바로 시판에 들어갔다. 이어 트럭과 버스도 출시했는데, 포드 20M, 포드R-192 버스가 그것이다.

정주영은 자동차를 판매하면서 애초부터 부품의 조립이 아닌 부품의 국산화에 뜻이 있었다. 당시 현대자동차는 국산화율이 약 30퍼센트 정도였으나 주요 부품은 거의 전량 수입이었다. 부품의 국산화는 우리 국가에도 이익이지만 정주영 자신에게도 이익이었다. 자동차 원가 중에 부품 값은 무려 70퍼센트나 되고, 자동차 조립에서 나오는 비용은 겨우 9퍼센트에 지나지 않기 때문이다.

정주영의 입장에서는 조립해서 그 비용으로 9퍼센트만을 먹으니, 원가의 70퍼센트나 되는 부품을 국산화하면 이익이 더 커질 것이기 때문에 그로서는 자동차 부품의 국산화에 목적을 갖지 않을 수 없는 입장이었다. 하지만 포드는 조립 판매에만 목적이 있었으므로 부품을 국산화하려는 현대의 입장이 달갑지가 않았다.

정주영은 1차 계약이 끝나자 포드 측에 합자 비율을 기존의 21대79에서 50대50으로 변경하자고 제의했고, 다행히 이 제의는 받아들여졌다. 그러나 언제까지 포드 사가 만든 부품을 조립해서 판매만 하고 있을 것인가. 정주영은 주요부품, 특히 엔진을 국산화한 자동차를 생산하고, 포드의 판매망을 통해 현대가 생산한 승용차를 수출하기를 바랐다.

그러나 그렇게 만만한 포드가 아니었다. 자동차에서 가장 중요한 기관인 엔진의 자체 생산은 곧 자동차의 자체 생산과 직결되는데, 세계적인 기업의 포드가 그러한 중대 기술을 선선히 내줄 리가 없다. 현대와 포드는 엔진공장의 설립문제를 놓고 협상 테이블에 앉았다. 그러나 협상은 팽팽하게 진행되더니 결국 재정, 수출, 영업 등의 문제까지 거론이 되면서 합작 자체가 무산되어 버렸다. 다국적기업인 포드의 속셈을 읽은 정주영도 더 이상 포드와의 합작을 원하지 않았다. 그들은 결코 현대에게 수출의 길을 열어주지 않을 뿐 아니라 현대의 발전을 돕고 싶지도 않았던 것이다.

그렇다면 어떻게 할까.

정주영은 시간과 비용이 들더라도 '기술 개발'을 해서 자체 브랜드를 가진 독자적인 모델의 자동차를 만들기로 했다. 그것만이 협소한 국내시장의 한계를 극복하고 해외시장을 개척하기 위한 유일한 길이라고 생각했다.

100퍼센트 국산자동차의 생산. 정주영의 또 하나의 도전이 시작되었다.

그러나 국내에 수입되는 외제차와 경쟁하기 위해서는 최소 5만

대의 생산능력과 1억 달러라는 당시로서는 막대한 투자가 필요했다. 모든 중역들이 위험부담 때문에 이 계획에 반대했다. 모기업인 현대건설의 연간 공사액이 겨우 50억 원 정도이고, 현대자동차의 자본금도 17억 원에 불과한 데다 국내 승용차의 총 생산대수가 이제 겨우 2만 대밖에 되지 않았기 때문이다. 중역들의 반대는 타당성이 있었다.

'할 것인가, 말 것인가.'

이런 문제에서 정주영은 늘 일을 벌이는 쪽을 택한다. 해보지도 않고 주저앉기 보다는 해 나가면서 문제를 해결하는 스타일이었으니까.

정부는 중화학공업정책을 추진하고 있었다. 잘 살기 위해서는 경공업보다는 중공업 위주의 경제정책을 펴는 것이 타당하다고 보고 있었다. 중화학공업정책의 진두지휘자는 오원철 청와대 제2경제수석이었고, 정부는 이 정책의 일환으로 자동차 공업정책을 발표하고 국산 소형승용차의 대량생산 계획을 제출해줄 것을 요청했다.

정부가 자동차의 대량생산에 관심을 가진 이유는 부품의 수입에 막대한 달러가 소요되기 때문이었다.

1966년에 부품수입대금이 329만 달러였던 것이, 67년에는 3배가 늘어난 913만 달러, 68년에는 2,298만 달러, 69년에는 4,258만 달러로 3년 사이에 13배로 늘어나 눈덩이처럼 커지고 있는 실정이었다.

당시에는 공무원이 해외에 출장 갈 때 그 출장비인 달러를 박 대통령이 직접 금고에서 내줄 정도로 달러가 귀했던 시절이다. 따라서 정부에서는 자동차 부품 구입비가 해마다 늘어나는 것을 좌시할 수 없었던 것이다. 정부의 자동차 대량생산 계획에는 그런 배경이 있었다.

현대는 독자 모델로 5만 대의 생산계획서를 냈다. 당시 한국에 굴러다니는 자동차의 총 대수는 고작 17만 대, 그런 상황에서 1년에 5만 대를 만들어 어디에 판다는 말인가. 현대는 불과 몇 년 전에 포드와의 합작으로 생산한 코티나를 한 달에 겨우 500대씩 팔고 있었다. 그런데 5만 대라니……

현대가 연산 5만 대를 생산하겠다는 계획을 낸 것은 당시로서는 파격적인 계획이었지만, 자동차는 5만 대가 최소 경제 단위였고, 정주영은 시장이 좁은 내수보다는 이미 수출을 계산하고 있었다. 정부는 정부대로 중공업입국을 위한 자동차 대량생산에 발맞추어 최대한 세금감면 혜택을 주기로 했다.

세계를 놀라게 한
조랑말, 포니

이에 힘입어 정주영은 네 가지 기본방침을 세우고 연산 5만 대의 자동차공장 건설계획을 밀어붙였다. 그 뚝심이 또 나오기 시작한 것이다.

1. 고유모델의 승용차를 개발, 수출 주력상품으로 키운다.
2. 외국기업과의 자본 제휴는 하지 않는다.
3. 자동차공장을 건설하되, 새로운 승용차는 완전 국산화한다.
4. 규모를 국제경쟁력이 가능한 수준으로 한다.

포드 사와 합작을 하면서 느낀 서러움이 모두 들어간 내용이다. 특히 외국기업과 자본제휴를 하지 않는다는 항목이 그러하다.

정주영은 국내 고유모델인 포니 자동차 생산을 위한 준비 작업에 착수했다. 1973년 9월, 설계는 이탈리아의 이탈디자인의 쥬지아로가, 엔지니어링은 역시 같은 회사의 만토바니가 맡았다. 엔진은 엔진 제작의 귀재인 영국의 조지 턴블과 계약했다.

이탈디자인 사는 세계적인 자동차 디자이너 죠루제토 쥬지아로(Giorgetto Giugiaro)가 만든 디자인 회사로, 그는 독일 폭스바겐 사의 골프, 파사트, 시로코와 이탈리아의 알파로메오, 일본의 이스즈117 등을 만든 스타일링의 귀재이며 '제2의 미켈란젤로'라 불리던 사나이였다. 이탈디자인 사는 영국, 이탈리아, 독일, 프랑스, 미국 등에서 발주한 120여 종의 자동차를 디자인하였다.

정주영은 순수한 국내승용차의 독자모델을 100퍼센트 우리 노력으로 만들어 수출하기로 결심하고, 1974년 7월 연산 5만 6,000대의 대규모 승용차공장 건설에 들어갔다. 국산차 개발과 기술의 국산화에 대한 집념이었다.

현대의 자동차 생산소식을 들은 GMK(대우자동차의 전신)의 수석부사장 H.W.벤지는 코웃음 치면서 "현대가 고유모델을 추진하여 수출한다는 것은 도저히 불가능한 일이다."라고 말했다. 벤지의 말이 영 일리가 없는 얘기는 아니었다. 유럽이나 미국의 자동차는 100년 가까운 역사를 가지고 있었던 것처럼 이런 기술 노하우는 하루아침에 만들어진 것이 아니다. 그걸 단숨에, 그것도 고유모델을 만들어 수출까지 하겠다니 코웃음을 치는 것은 어쩌면 당연한 일이다.

현대는 1974년 10월 30일에 열린 제 55회 토리노 국제자동차박람회에 독자적으로 개발한 첫 제품 '포니'와 스포츠카 형 '포니 쿠페'를 출품했다. 포니(pony), 즉 '조랑말'이라는 이름은 당시 공모에서 당선된 것. 토리노 자동차박람회는 전 세계의 신차가 데뷔하는 코스였는데, 이때 포드 외에도 벤츠, 시트로엥, 푸조, 도요타, 혼다, 피아트, 모스코비치 등 16개국 65개사가 245대의 자동차를 출품했다.

첫 제품인 포니는 그곳에서 뜻밖에 인기를 끌었다. 300여 명의 기자, 자동차 전문가들이 포니를 보기 위해 몰려든 것이다. 현지에 참가했던 정주영의 동생 정세영 전 현대자동차 사장은 인터뷰 요청이 쇄도해 눈코 뜰 새 없이 바빴다. 포니가 이렇게 인기를 끌게 된 것은 에너지 절약형 자동차로 경제성이 있고 스타일도 좋았기 때문이기도 했지만, 무엇보다 한국의 첫 고유모델이라는 점이 큰 장점으로 작용했던 것이다.

이 행사에서 포니는 언론의 극찬을 받는데 '우수한 스타일링과 한국 최초의 자동차'라는 평이 늘상 빠지지 않는 문구였다. 이탈리아의 일간지인 〈라 스탠파〉지는 '한국이 이제 자동차 공업국의 대열에 올라섰다'라며 대서특필하기도 했다.

1976년 포니 조립 라인

이로써 우리나라는 아시아에서는 일본 다음으로, 세계에서는 16번째로 고유모델을 갖은 자동차 생산국이 되었다.

해외시장에서 호평을 받은 포니는 국내시장에서도 큰 인기를 끌게 되는데, 출고 개시년인 1976년에 GMK의 카미나, 기아 브리시를 제치고 국내 승용차 시장의 43퍼센트를 장악했고, 그 해 6월에는 에콰도르에 6대를 첫 수출함으로써 세계시장을 향해 나아가기 시작했다.

이어 나이지리아, 예맨, 에콰도르 등 10여 개국에 1,019대를 수출했으며, 이어 1977년이 되면 수출 목표를 그 전해보다 열배나 많은 1만 대로 잡고 아프리카, 중동, 중남미 시장을 집중 공략하게 된다. 또한 유럽시장에도 거점을 확보하고 미국시장에 상륙할 채비를 갖추었다.

당시 포니의 수출 가격은 대당 2,000달러 안팎으로, 사실은 적자였다. 그러나 일본 메이커가 생산한 자동차 수출가격도 대당 2,000달러여서 거의 같은 수준이었다. 현대의 포니가 유럽 진출에 박차를 가하기 시작하자 영국 노동당 소속의 더글러스 호일 하원의원은 '포니 승용차가 영국 시장에 등장할 채비를 갖추고 있으며, 포니가 영국에 상륙할 경우 영국 자동차 산업계가 큰 타격을 입을 것'이라고 경고하는 등 포니를 주목하기 시작하였다.

1978년에 포니는 단일 차종으로는 총 생산 10만 대를 달성하는 국내 최초의 기록을 만들게 된다. 일본의 도요타가 단일 차종 30만 대를 생산할 무렵 겨우 150대를 해외에 수출한 것에 비해, 포니는 10만 대 생산량 중 25퍼센트인 2만 5,000대를 수출하여 세계

자동차 역사상 보기 드문 쾌거를 올렸다. 그리고 그 2년 후인 1980년에는 총생산이 20만 대를 돌파했으며, 이중 15만 대는 내수, 5만 대를 수출하였다. 당시 20만 대의 차량은 서울시내 전체에 굴러다니는 차량 대수 20만 5,000대와 맞먹는 숫자였다.

1982년 들어 신제품 '포니2'가 출시됐다. 포니2는 나오자마자 국내에서 4만 대가 팔렸고, 곧바로 캐나다에 2만 5,000대를 수출하여 그때까지 일본이 장악하고 있던 캐나다 소형자동차 시장의 판매 1위를 포니2가 차지했다. 싸면서도 성능이 좋았던 터라 전작 못지않은 주문이 밀려들기 시작했다.

이윽고 현대는 자동차의 왕국인 미국 공략에 나섰다. 1985년에 이미 미국에 현지판매법인을 설립하여 미국 전역에 판매망을 구축하고 대대적인 판촉작전에 나섰다. 미국 3대 방송국에 'Cars that make Sense(합리적인 차)'라는 캐치프레이즈의 TV광고를 개시했다. 한국 기업으로서는 거의 처음 있는 일이라 우리 교민들이 열광하지 않을 수 없었다. 조국이 아직도 보릿고개로 헐떡이고 있는 줄만 알았는데 미국 TV에 자동차 광고를 내고, 국산차를 미 대륙에 상륙시킨 데 대해서 눈물까지 흘렸다.

수출한 지 4개월 만에 5만 대를 돌파한 포니는, 수출 첫해인 1986년 한 해에 17만 대가 판매됐다. 그 해에 현대차 엑셀은 일본의 소형차인 닛산 센트라, 혼다 시빅에 이어 판매 3위를 차지했고, 87년에는 26만 대가 판매되어 미국의 수입소형차 시장에서 당당히 판매 1위를 차지했다.

박정희와 정주영

정주영은 소형 비행기로 한반도 상공을 날고 있었다. 그는 손에 들고 있던 망원경으로 한국의 산하를 내려다보았다. 서울에서 출발해 대전, 영동, 김천, 대구, 부산의 상공을 그는 한 달 동안 수도 없이 왕복했다. 바로 경부고속도로 공사 때문이다. 서울과 부산을 잇는 전장 429킬로미터의 이 공사는 국가의 대 역사役事였다. 박정희 대통령은 제2차 경제개발계획을 추진하기 위해 경부고속도로를 만들기로 결정했는데, 이는 1962년부터 66년까지 시행된 제1차 경제개발5개년계획이 성공적으로 끝나면서 더욱 불이 붙었다. 이유인즉 물자수송량은 급증하고 있었으나 도로 여건이 나빠서 수송이 제때되지 않아 경제 개발에 막대한 차질을 빚고 있다는 점이다.

물론 그 전부터 박 대통령은 고속도로에 관심이 많았다. 1964년 뤼브케 서독 대통령의 초청으로 독일을 방문했을 때 본에서 쾰른 사이 20킬로미터 구간의 아우토반을 왕복으로 달려본 경험이 있었다. 그때 박정희는 두 차례나 도로 중간에 차를 멈추게 하고는 노면과 중앙분리대, 교차시설 등을 주의 깊게 살펴보고 독일 측 의전실장에게 고속도로 전반에 관해 상세히 물어보았다.

1964년 박정희 대통령과 정주영

경제전문가로서 고속도로에 대해 해박한 지식을 갖고 있던 의전실장은 아예 지도를 펴놓고 고속도로망에 대해 설명했다. '독일의 고속도로망은 서베를린을 중심으로 전국에 뻗어있으며, 30분 이내에 어디에나 갈 수 있다'는 것이 요지였다. 박 대통령은 고속도로 건설, 관리방법, 건설비, 공사기간, 자금조달방법, 투입장비와 인원 등에 대해 상세히 물었고, 뒤이어 에르하르트 독일 수상과의 면담

자리에서도 다시 아우토반에 대한 얘기를 꺼냈다.

에르하르트 수상은 '라인 강의 기적'으로 일컬어지는 독일 부흥기에 경제장관을 역임한 재상이었다. 그는 아우토반이 독일의 경제 번영에 크나큰 기여를 했다면서, 자신은 아우토반에 진입할 때마다 마음속으로 아우토반에 경의를 표한다고까지 말했다.

그의 말에 상당히 감명을 받은 박 대통령은, 귀국 후 교통부에 지시하여 IBRD에게 한국의 교통수송체계에 관한 연구 용역을 주도록 하였다. 당시 IBRD의 연구원들은 1965년 11월부터 66년 6월까지 7개월간 한국에 들어와 우리나라의 교통 체계를 조사하였는데, 이들이 국제적인 권위가 있는 연구기관인 점도 있지만, 당시 박 대통령이 한국의 교통체계 연구를 외국의 유수한 교통·전문연구기관이 아닌 세계은행, 즉 IBRD에 의뢰한 것은 장차 차관도입을 염두에 두고 있었기 때문이다. 한마디로 주도면밀한 복안을 가지고 있었던 것이다.

그러나 고속도로 건설은 생각보다 돈이 많이 드는 사업이었다. 일본의 동경과 나고야를 연결하는 동명고속도로의 경우 킬로미터당 8억 원의 건설비가 들었는데, 이를 서울-부산 간 고속도로에 적용하면 3,500억 원이라는 천문학적인 자금이 든다는 계산이 나왔다. 그렇다고 포기할 수는 없었다. 어떻게 하면 저렴한 비용으로 고속도로를 건설할 수 있을까.

67년 12월 1일 오후, 박정희 대통령은 주원 건설부장관과 함께 경기도청에 들러 30분 동안 경부고속도로 건설에 대한 현황을 듣는다.

그 자리에서 박정희는 고속도로를 만들 때 농경지와 민가가 많은 지역을 피할 것이며, 농한기를 이용해서 빨리 착공하라고 지시했다. 그리고는 직접 헬리콥터를 타고 서울에서 오산까지 현지를 시찰한다. 그러나 단군 이래 처음으로 실시하는 국가의 대동맥 토목공사여서 고민이 많았다. 재원염출도 큰 문제려니와, 한국의 토목건설업체들이 가지고 있는 실력도 문제였다. 또 야당의 반대도 만만치 않았다.

시계가 밤 10시를 막 넘어가고 있을 때, 정주영은 청와대로 급히 들어오라는 전갈을 받았다. 이렇게 밤이 이슥한 시간에 웬일일까, 하고 긴장한 정주영은 청와대에 도착했다. 박 대통령은 그를 반가이 맞아 서재로 데리고 들어갔다. 서재 책상 위에는 고속도로 건설에 관한 각종 서적과 논문, 지도 등이 가득 쌓여 있었다.

대통령은 정주영에게 한반도 지도를 펼쳐놓고 고속도로가 통과할 지점들을 직접 빨간 색연필로 그어가면서 자신의 계획을 설명했다. 그리고 인터체인지가 필요한 지역은 1:50,000 지도를 펼쳐놓고 등고선의 높이까지 보여주면서 건설이 가능한가를 물었다. 대통령이 정주영을 불러들인 것은 이미 태국의 고속도로와 월남에서의 건설 경험으로 인해 이 일을 맡을 사람은 정주영밖에 없다고 생각했기 때문이다.

대통령은 정주영에게 과거 외국에서 고속도로 공사를 한 경험에 비추어 자신이 설명한 부분에 문제점이 없는지를 물었다. 그는 대통령의 질문에 자신의 경험을 토대로 열심히 설명했다. 대통령의 고속도로 건설 구상에 관한 핵심은 어떻게 하면 가장 적은 경비로 가장 빨리 고속도로를 놓느냐 하는 것이었다. 경비절감 문제라면 정주영은 이미 여러 차례 뼈아픈 경험을 가지고 있지 않은가. 고령교 복구의 경우 장비 부족으로 시간을 끌다가 파산 직전의 경험을 가지고 있었고, 태국에서도 큰 손해를 보았던 터다.

경비절감과 속도전.

그런 면에서 박정희와 정주영, 두 사람은 박자가 잘 맞았다. 박정희는 밀어붙이기에 관해서는 타의 추종을 불허하는 정주영을 몹시 아꼈다. 소처럼 우직하게, 요령부리지 않고 24시간 불철주야 뛴다는 것을 잘 알고 있었다. 더구나 막걸리를 좋아했던 대통령이나 무생채와 순두부를 좋아했던 정주영은 그 소박함에 있어 공통점이 참 많았다.

이러한 한밤중의 토론과 회의 끝에 대통령은 이렇게 지시했다.

"늦어도 내년 초에는 착공한다. 기존 국도를 확장하는 것도 좋고 전혀 새로운 길을 만드는 것도 좋다. 구체적인 안을 수립해서 보고하라."

경부고속도로 건설에 드는 비용을 산출해 보도록 하기 위해서였다. 대통령은 정부 내의 관련부서에도 같은 지시를 내렸고, 정주영 또한 곧바로 행동에 들어갔다.

'기업은 행동이요, 실천이다. 우선 실천하라!'

정주영의 철학이다. 그는 우물쭈물하며 탁상공론을 일삼는 것을 혐오했다.

지프차를 타고 냅다 달려 1차 공사구간이 될 서울-수원 간 지점에 도착했다. 그의 손에는 1:25,000 지도가 들려있었고 구간을 지나면서 계속 지도를 바꾸어 가며 거기에 색연필로 칠을 해나갔다. 수원을 지나자 오산까지, 다시 천안까지, 다시 대전까지, 다시 김천까지, 다시 대구까지, 그리고 부산까지 정주영은 달리고 또 달렸다. 스스로 고속도로 공사 전 구간을 답사해보는 것이다.

전 구간 답사가 끝나자 이번에는 헬기를 타고 산의 높이를 지도에 등고선과 대조해가면서 살펴보았다. 그렇게 1차 조사가 끝났다.

경부고속도로 인근의 땅은 저마다 부동산 열기에 취해 있었고, 정부는 이를 묶어놓느라 진땀을 빼야 했다. 박정희 대통령은 직접 건설추진위원회 위원장이 되기로 결심하고, 땅 투기나 반발 세력의 비난 등 공사와 관련된 모든 난점들을 해결해나갔다. 전 세계 토목역사상 대통령이 건설추진위원회 위원장을 직접 맡은 경우는 아마 없을 것이다. 이어 정부는 모자라는 재원을 염출하기 위해 목적공채 50억 원을 발행하여 재원을 확보하게 된다.

드디어 공사를 할 수 있는 만반의 준비가 갖춰졌다. 이제는 업자 선정만이 남았다. 정주영의 현대건설은 경부고속도로 건설에서 가장 중요한 구간인 서울-수원 구간을 맡아 즉각 착공 준비를 시작했다. 태국에서의 경험으로 물량소요 산출에 자신도 있었고, 기본 공사시방서도 확보해놓았다.

고속도로 건설계획이 발표되자 야당은 돈 있는 자들의 향락에 도움만 된다느니, 경상도의 발전에만 신경을 썼느니, 아직은 시기상조라느니 하는 온갖 비난을 퍼부었다. 큰일을 할 때는 언제든 왈가왈부 말이 많은 법. 그러나 대통령은 고속도로 건설 의지를 굽

히지 않았다. 장차 늘어나는 물동량을 감당할 국가의 대동맥으로서 산업발전에 이바지할 것이라는 소신이 있었기 때문이다. 정주영 또한 그에 동감하고 있었다.

고속도로 공사에는 현대건설을 비롯한 삼환, 대림, 삼부, 극동건설 등 총 13개 건설회사가 참여했다. 서울에서 오산까지의 105킬로미터, 대전에서 옥천까지의 28킬로미터의 구간을 맡은 현대는 이들 회사 중 가장 규모가 큰, 전 구간의 5분의 2 정도를 맡은 격이 됐는데 특히 대전과 옥천 구간은 고속도로 전체에서 가장 난공사가 되는 지점이었다.

눈물로 맞은 준공식

경부고속도로 준공식

1968년 2월 1일, 경부고속도로의 첫 번째 톨게이트 근방에서 발파음이 들렸다. 기공식에 참석한 대통령과 정주영 모두 가슴이 뛰었다. 당시 고속도로 공사의 구호는 간단했다. '빨리 빨리'였다. 어쩌면 우리나라의 '빨리 빨리' 문화는 아마 이때부터 생긴 것인지도 모른다. 훗날 이 '빨리 빨리' 문화는 한국사회에 커다란 사건 사고 등을 야기하는 원인이 되기도 했지만, 당시에는 예산을 줄이기 위한 나름대로 최선의 방법이었다. 모든 공사는 불도저식 밀어붙이기였다. 정주영은 공사를 시작하기 전, 가급적 최단시간 내에 공사를 끝낸다는 것과 부실공사를 하지 않겠다는 다짐을 했다.

경부고속도로가 시공되고부터 정주영은 바빠졌다. 매일 새벽이면 서울에서부터 수원, 오산까지 달려갔다. 나중에는 그것도 성에 안 차 아예 공사판 현장에 간이침대를 가져다놓고 작업을 독려했다. 공사현장이 워낙 넓다보니 그 모든 곳을 돌아보느라 잠은 늘 모자랐다. 대신 덜컹거리는 1944년 지프차 속에서 이동 중에만 잠깐씩 눈을 붙였을 뿐이었다.

정주영은 공사가 진행 중인 도로를 쳐다보면서 책임자를 쉬지 않고 야단쳤다. '어제 지시한 내용은 제대로 처리했는가?' '물은 잘 빠지고 있는가?" '스펀지 현상은 없는가?' '정리 정돈은 왜 제대로 되지 않고 있는가?' 등등이었다. 현장 책임자의 결재서류는 본사까지 가지고 갈 것도 없이 그 자리에서 직접 사인해 주었다. 시간이 촉박했기 때문이다.

서울에서 수원까지 밀어붙인 이 구간의 공사는, 세계 고속도로 공사 역사상 42킬로미터 구간을 단 10개월 만에 밀어붙인 세계신기록이었다.

12월 21일 서울-수원 간 개통식이 열렸다. 대통령은 이토록 빨리 개통을 보게 될 줄 몰랐다며 연신 싱글벙글 웃고 있었다. 개통식장에 모인 모든 관계자들 또한 들뜬 마음을 감추지 못했다.

헌데 거기서 문제가 생겼다. 개통식을 보고하는 자리에서 주원 건설부장관이 한술 더 떠 대통령에게 '수원-오산 구간도 연말까지 밀어붙이겠다'고 호언장담해 버린 것이다.

연말까지는 불과 열흘밖에 남지 않았다. 더구나 오산 인터체인지 공사는 불과 절반밖에 진행되지 않았는데, 대통령의 면전에서 그렇게 보고가 되었으므로 번복될 수도 없는 상황이었다. 인터체인지 공사 말고도 수원에서 오산 인터체인지까지 약 1킬로미터 구간도 공사가 남아있었다.

현대건설은 그때부터 총력전에 들어갔다. 마지막 1킬로미터 구간의 포장과 오산 인터체인지 공사를 하기 위해 더욱 강도 높은 철야 작업에 임했다. 그러나 운이 따라 주질 않았다. 폭설이 쏟아지기 시작하더니 밤새도록 15센티미터 가량의 눈이 비포장도로를 덮어버렸다. 현대건설의 직원들이 눈이 내리기가 무섭게 부지런히 쓸어내었으나 역부족이었다.

내린 눈은 새벽이 되자 얼어버렸다. 이렇게 얼어버린 노면 위에는 아스팔트 포장이 불가능했다. 물기에 젖은 도로위에 아스콘 포장을 할 경우, 노면과 아스콘이 따로 놀기 때문이었다.

재빨리 물기 제거 작전에 돌입했다. 우선 도로 위에 짚을 10센티미터 정도 깔고 그 위에 경유를 뿌린 후 불을 붙였다. 그렇게라도 해서 습기를 제거하려고 한 것이다. 그러나 짚이 다 타기도 전에 불은 꺼져 버렸고, 경유도 완전히 타지 않은 채 흘러내려 일은 더욱더 꼬여갔다. 타다 남은 짚을 모두 쓸어내야 했고, 경유 또한 아스팔트를 녹이는 물질이므로 속히 모두 닦아내야 했다. 정주영은 그 광경을 멀리서 지켜보다가 갑자기 머리를 스치는 아이디어가 떠올랐다.

"저렇게 해서 어떻게 짚과 경유를 다 치우겠나. 초대형 버너를 가져와라."

인부들은 초대형 버너를 가져와 불을 분사해서 비포장도로에 내린 눈을 말려나갔다. 밤새도록 물기를 말리는 작업이 계속되었다.

공사는 결국 1968년 12월 30일 개통식 당일까지 계속되었고, 개통식 행사가 열리기 불과 3시간 전에야 겨우 끝나게 되었다. 드디어 서울-수원-오산 구간의 경부고속도로가 개통된 것이다. 현대건설 직원과 노무자들이 밤낮을 구분하지 않고 애쓴, 참으로 힘든 공사였다. 회사에서는 한 달에 이틀 정도의 휴일을 사원들에게 주었으나 그 짧은 휴일마저도 직원들은 쓰지 못했다. 당시 서울과 오산은 교통사정이 나빠 서울까지 올라가는 데 하루가 걸렸고 다시 내려오는 데 하루가 걸렸으므로 이틀의 휴가가 별 소용이 없었다.

옥천공구의 공사를 맡았던 조성현 부소장은, 일이 끝나면 모두 숙소에 들어가 잠부터 자는 게 고작이었다며 당시를 회고했다. 현장 직원들은 몇 개월에 한 번 정도 집에 들러 옷을 갈아입고 나오는 등 현장에서 근무하는 2년 5개월 동안 집에 간 횟수가 다섯 손가락으로 꼽을 정도였다는 것이다.

직접 현장에서 발로 뛰진 않았으나 박정희 대통령 또한 노심초사 공사의 진척에 귀를 기울였다. 경부고속도로 공사를 수행 중인 트럭이 지나가면 자신의 승용차를 세우고 트럭이 지나갈 때까지 기다려 주었다는 예화도 있다.

간신히 서울-오산 구간이 끝났으나 아직 경부고속도로 전 구간의 공사는 끝나지 않았다. 공사 가운데 가장 힘든 구간인 옥천 공구 또한 현대가 맡고 있었는데 이 구간에는 당제터널 공사가 포함되어 있었다. 옥천군 이원면 우산리와 영동군 용산면 묘금리 사이의 4킬로미터에 이르는 이 구간 사이에는 소백산맥이 가로놓여 있었고, 그 구간에 고속도로를 놓기 위해서는 산맥의 아래를 뚫어 거기에 터널을 만들어야 했다.

당제계곡 쪽에서 20미터쯤 파들어 갔을 때 별안간 벽이 무너져 버렸다. 순식간에 벌어진 일이라 피할 틈도 없었다. 그곳의 지층이 부드러운 흙으로 된 퇴적층이어서 삽시간에 허물어져 버린 것이다. 이 사고로 인부 세 사람이 죽고 한 사람이 부상을 당했다.

이 외에도 13차례의 크고 작은 낙반사고가 자주 일어났고, 때로는 지하수가 분수처럼 솟아올라 바위를 들어내던 인부들이 나가 떨어지기도 했다.

공사 진도는 하루에 겨우 2미터, 지형이 안 좋은 곳은 30센티미터가 고작이었다. 공사 진척이 특히나 느린 곳은 암반지역으로, 암반을 파고 들어가다 보면 새로 구입한 장비의 트랙이 깨지고 롤러가 부러져 나갔다. 악전고투, 경부고속도로 전 구간 중에서 가장 난공사였다.

공기는 두 달밖에 안 남았는데 상행선 590미터, 하행선 530미터의 당제터널 공사에서 상행선은 아직 240미터를 더 파야했다. 하루에 2미터씩 파 들어간다 해도 120일이 걸릴 판이었다. 공사에 비상이 걸렸다.

정주영은 이때 단안을 내린다. 이제는 이익이 남고 안 남고를 떠나서 공사 자체를 끝내는 것이 중요했다. 그는 공사에 필요한 장비라면 값의 고하를 막론하고 모두 사들였다. 모두 800만 달러어치의 중장비가 투입됐는데, 당시 우리나라에 있는 총 중장비수를 1,400대로 추정한다면, 정주영이 고속도로 공사를 위해 들여온 중장비수는 무려 1,900대였다. 신종 장비가 많이 들어오면 들어올수록 경영 수지는 나빠졌지만 그걸 따질 계제가 아니었다.

"돈이 얼마가 들더라도 필요한 물자를 가져다 써라!"

정주영은 이해타산을 떠나 조강시멘트를 가져다 쓰라고 지시했다. 조강시멘트란 일반 시멘트보다 몇 배나 빠른 시간 안에 굳는 특수 시멘트로 그만큼 값이 비쌌다. 그러나 고속도로 공사에서 손해를 보는 한이 있더라도 단양시멘트 공장에서 생산된 비싼 조강시멘트를 가져다 쓸 수밖에 없었다.

당시 공사현장에서 일했던 최동식 부장의 증언이다.

"그날따라 가랑비가 부슬부슬 내렸다. 현장의 직원들은 모두 비옷에 장화를 신고 작업했다. 정주영 회장도 현장에 내려왔다. 회장은 그 성격대로 여기저기를 둘러보면서 공사 진행에 문제가 없는지 이리저리 바쁘게 움직였다. 그 사이 비는 더욱 세차게 내렸다. 정 회장은 비에도 아랑곳하지 않고 공사 진척 상황을 살펴나갔다. 세차게 내린 비 때문에 정 회장의 옷은 흠뻑 젖었고, 운동화에서 물이 찔꺽찔꺽 나왔다. 직원들은 우비에 장화를 신고 작업했지만 회장은 그것도 없었던 것이다. 곁에서 보기에 민망하여 간부 한 사람이 얼른 대전 시내에 나가 장화를 사오라고 햇다. 그러나 정 회장의 발에 맞는 장화를 구할 수가 없었다. 정 회장의 발은 280밀리미터로 워낙 컸다. 결국 정 회장은 비를 흠뻑 맞은 채로 작업현장을 모두 둘러보았다. 다시 서울로 올라가는데 운동화가 진흙투성인 데다가 물이 찔꺽찔꺽했으므로 그는 운동화를 벗고 맨발로 승용차에 올라탔다."

고속도로 공사가 끝나기 몇 개월 전부터 정주영은 아예 현장 사무소에 야전침대를 가져다놓고 거기서 먹고 잤다. 밤이 되면 담요 한 장을 덮고 자면서 마치 노가다의 십장처럼 일했던 것이다. 현대건설의 직원들과 정주영의 노력으로 3개월이 걸릴 공사가 25일 만에 끝났다.

1970년 6월 27일 밤 11시, 당제터널 남쪽에서 '만세' 소리가 터져 나왔다. 경부고속도로의 마지막 공사이자 최악의 난공사였던 당제터널의 상행선이 개통된 것이다. 착공한 지 290일 만에 이룬 쾌거이며, 마침내 경부고속도로는 전장 429킬로미터가 완전히 개통되었다.

429킬로미터 공사에 총 429억 원이 들었다. 1킬로미터 당 1억 원이 들어 정부가 예상한 330억 원보다는 약 100억 원이 더 들었지만, 일본의 동명고속도로에 비하면 8분의 1 수준이다. 세계에서 가장 싼 건설비로, 가장 빠른 시간 안에 공사를 마친 것이다. 연인원 900만 명, 장비 165만 대가 투입되었다.

준공식 때 현장감독들은 눈물만 줄줄 흘리고 서 있었다. 2년 5개월 동안 비가 오나 눈이 오나 목숨을 담보로 밤낮을 가리지 않고 만든 고속도로였다. 특히 당제터널 공사 시 낙반 사고 때 많은 사람들이 돌더미에 깔려 죽은 비장한 경험까지 맞아야 했으니 현장의 일꾼들의 눈물은 어쩌면 당연한 건지도 모른다.

이제는 중동 공략이다

1973년 제 1차 석유파동이 터졌다.

1차 오일쇼크는 아랍 산유국과 이스라엘 사이에 벌어진 제 4차 중동전 때문이었다. 아랍 산유국 10개국은 이스라엘을 지지한 미국 등의 국가에 대해 석유 금수조치를 단행한다. 즉 아랍 산유국들이 석유를 무기로 세계에 대항하자 그 영향으로 유가가 급등한 것인데, 당시 석유가격의 인상은 살인적이었다.

기름 한 방울 나지 않는 한국은 곧바로 타격을 받았다. 거리엔 가로등이 꺼졌고, 상점의 네온사인도 자취를 감췄다. 밤거리는 서둘러 귀가하는 사람들 덕분에 갑자기 동굴 속처럼 어두워졌고, 가정에서도 전등불을 한 등씩 껐다. 원유가 부족해서 제대로 기계를 돌리지 못하는 공장도 늘어만 갔고, 원유의 비축량도 절대적으로 부족했다. 국고에는 달러가 없었다.

오일쇼크로 인해 인플레 현상까지 발생하는 등 우리나라는 고전을 면치 못했는데, 당시 정세가 얼마나 심각했던지 박 대통령은 상공부 장관이었던 장예준에게 이런 말을 했다.

"이봐! 온 나라가 에너지 절약에 한창인데 나도 내가 할 수 있는 게 뭔지 생각해봤어. 지금까지는 수돗물을 틀어놓고 세수했는데, 지금부터는 물을 받아놓고 해야겠더군. 그리고 말야, 양변기 속에 벽돌을 한 장 넣어놓으면 물이 그만큼 절약되지 않을까. 그 두 가지를 요즘 실천 중이네."

당시 박 대통령의 말이 진실이었다는 것이 그가 서거한 뒤, 그의 집무실 화장실 양변기 속에 벽돌 한 장이 들어있는 모습으로 확인되었다.

1974년 한국정부는 위기관리시스템을 가동시켰다. 이는 우선 국민들에게 전등 하나 덜 쓰기 운동, 실내온도 18도 유지, 목욕탕 영업단축, 출퇴근이나 통학 시 2킬로미터 걷기, 차종별 경제속도표 부착 등이었다. 또한 외국에 특공대를 급파해서 원유를 확보하기로 하고, 오원철 청와대 제 2경제수석은 박 대통령의 친서를 가지고 미국의 메이저 석유회사 세 곳의 회장들을 만나 유조선 몇 척 분량의 원유를 추가 도입했으며, 최규하 외교특보를 사우디아라비아와 쿠웨이트에 보내 친아랍 정책 4개항을 조인했다.

1975년이 되자 기업들은 외채를 상환할 능력을 상실했을 뿐더러 북한은 국가부도가 났고, 한국의 기업들도 부도 직전까지 몰렸다. 현대도 예외는 아니었다. 울산의 조선소 건설을 위해 엄청난 투자를 했던 현대건설은 들어간 돈에 비해 나올 돈이 완전히 막혀버려서 아직 건조하지 못하는 배가 수두룩했다. 정주영은 새로운 활로를 찾아야만 했다.

그 무렵 박정희 대통령은 결단을 내린다. 원유를 사려면 달러가 필요하니 사우디아라비아에서 건설공사를 할 수 있는지 알아보라고 지시한 것이다. 급히 출국한 조사단은 사우디아라비아 현지를 돌아보고 다음과 같이 대통령에게 보고했다.

- 영상 60도로 너무 더워 노동자들이 일하기 힘들다.
- 물이 없어 건설을 하기 힘들다.
- 회교 국가이므로 매춘산업이나 술이 없어 우리 노동자들이 일하기 힘들다.

대통령은 조사단의 보고를 수긍했다. 힘든 노동을 하는데 술 한 잔 못하면서 어떻게 일을 할 수 있을까. 거기에다가 공사에 꼭 필요한 모래 같은 자재도 없고 물도 없다니 불가능한 일이라고 본 것이다. 대통령은 일단 포기했다. 그러나 그 이야기를 들은 정주영은 박정희 대통령에게 이렇게 보고했다.

- 낮엔 영상 60도로 너무 더워 공사가 불가능하지만, 밤엔 서늘하다. 밤에 솜방망이에 불을 붙여 일하면 된다.
- 바닷물을 끌어다 담수로 만들면 된다.
- 술과 여자가 없으면 노동자들이 번 돈을 탕진하지 않고 모두 국내로 송금하므로 조금이나마 국가가 부자가 된다.

정주영은 이러한 발상의 전환으로 대통령의 생각을 바꿨다. '모든 불가능한 상황'을 거꾸로 '모든 가능한 상황'으로 바꾸는 정주영은 그런 면에서 프로였다.

일단 대통령을 설득하고 나자 곧바로 재가가 났다. 이 기회를 놓칠 순 없었다. "오일 달러를 벌기 위해서는 지금 당장 중동으로 가야 한다." 돈이 모이는 곳이면 정주영은 무조건 가는 것이다.

정주영은 '큰물에 나가야 큰 고기를 잡는다'는 격언을 믿었다. 우선 1975년을 '중동 진출의 해'로 선포하고, 말이 통해야 돈도 벌 수 있다는 생각에 직원들에게 가르치기 위해 사내에 아랍어 강좌부터 열었다.

사상 최대의
주베일 항 공사를 따내다

어느 날, 정주영은 두 눈이 번쩍 뜨이는 큰 공사 하나를 만나게
된다. 바로 사우디아라비아의 주베일 산업항 공사가 그것이었다.

페르시아 만의 주베일이라는 지역 모래펄에 대규모 산업항을 만
드는 것이었는데, 공사금액은 9억 4,464만 달러(당시 금액으로 4,600억 원
상당)로 당시 우리나라 국가 예산의 절반에 해당하는 금액이었다.

또 그때까지 사우디아라비아 건설발주 총액이 23건에 7억 8,000
만 달러에 불과했을 때이니 주베일 항만 공사의 규모는 가히 세계
적인 사업이기도 했다.

공사 내용은 50만 톤급 유조선 네 척을 접안할 수 있는 해상터
미널의 구축이 골자였다. 말이 50만 톤이지, 이쯤 되는 크기면 세
계에서 가장 큰 배로 뽑힐 만한 규모이다. 배 한 척의 규모가 잠실
운동장의 다섯 배는 될 정도의 크기이니 말이다. 그런 유조선을

한 척도 아니고 네 척이나 접안하려면 그야말로 부두는 가히 끝 간 데 없이 커야 한다. 건설관계자들은 몇 세기에 한 번 나올까 말까한 20세기 최대의 공사라고 불렀다.

입찰은 7개월 후.

이미 정보를 수집한 미국, 영국, 서독, 네덜란드 등 세계굴지의 건설회사들은 잔뜩 눈독을 들이고 있었는데, 이들은 벌써 몇 년 전부터 주베일 항에 대한 정보를 입수한 것은 물론이고, 사우디아라비아 당국 요로에 입김을 불어넣고 있었다. 주관부처인 사우디 체신청은 공사에 참여할 10개 시공사의 선정 작업을 영국의 윌리엄할로크 기술용역회사에 의뢰했다. 물론 선정 작업은 철저한 비밀이었는데도, 나중에 알고 보니 이미 세계적인 회사 9개 업체에서 사전에 손을 뻗쳐 선정에 들어가 있었던 것이다. 외환 사정이 최악으로 치닫던 당시 대한민국과 박 대통령은 오직 현대가 그 공사를 따오는 데 대해 지대한 관심을 가졌다. 사전에 선정된 9개 업체 때문에 딱 한 자리만 남게 된 절박한 상황에서, 정주영은 런던지사에 있던 음용기 이사에게 이렇게 지시하였다.

"승차권을 확보하라."

음용기는 입찰 선정 작업을 맡고 있던 윌리엄할로크 기술용역회사 관계자를 만나 '우리는 당신네 영국의 협력으로 세계 제1의 울산조선소를 만든 경험이 있다. 이곳 중동에서도 바레인 아스리 수리조선과 주베일의 해군기지공사도 하고 있다. 우리에게도 입찰 자격을 달라'라고 설득하였다. 또한 그는 현대조선 건설 시 도와주었던 애플도어와 버클레이 은행의 정보 자료를 넘겨주며 윌리엄할로크 측의 마음을 움직이게 했다. 그렇게 하여 현대는 선정 입찰 자격 10개 사에 일단 진입할 수 있었다.

그런데 문제가 생겼다. 그 승차권의 값이 무려 2,000만 달러였던 것이다. 당시 우리나라는 외환시장이 바닥이어서 은행에서 이만한 돈을 빌린다는 것은 아예 불가능했으므로, 어떡하든지 이곳 현지에서 2,000만 달러를 마련해야 했다. 그리고 돈을 만드는 일도 어렵지만, 돈의 규모가 커서 빌려주는 측도 비밀을 100퍼센트 보장해주어야만 했다.

이윽고 입찰 서류를 만드는 또 하나의 프로젝트가 시작되었다. 이 프로젝트의 멤버인 정주영, 전갑원, 음용기, 박세용 등은 입찰 서류를 만드느라 밤잠을 설쳤다. 이러한 해외건설 수주는 쉬운 일이 아니지만 실무진들은 리야드 여행자 숙박소에서 일체의 외출, 외박을 금지하면서 밤을 새워 서류를 준비했다.

밥은 모두 배달시켜 먹었고, 목욕이나 이발도 하지 않았다. 일주일 동안 먹은 밥그릇에서 음식 썩는 냄새가 진동했고, 무더위 속에서 씻질 못하니 방안에는 온통 악취 천지였다. 마치 큰 운동시합을 앞두고 몸을 씻지 않는 운동선수들과도 같았는데, 이는 단순히 정신없이 바빠서가 아니라 행여 부정이라도 탈까봐 일부러 그렇게 한 것이었다. 나중에 100페이지가 넘는 견적서가 만들어지자, 실무진들은 정주영부터 차례로 그 서류들을 발로 밟고 지나가고, 이어 몸으로 깔고 앉아 뭉개기도 했다. 이 또한 일에 재수가 붙어주길 바라는 무속적인 행위였다.

견적서 상의 공사비 총액은 12억 달러로, 이는 밑지지 않으면서도 가장 싼 가격이었다. 공사 낙찰은 가장 저렴한 가격을 쓴 회사에게 돌아가는 것이므로 정주영은 견적서 상의 가격이 너무 높지는 않을까 걱정이 되었다. 고심 끝에 12억 달러에서 25퍼센트 정도를 일단 깎고 보니 9억 달러가 되었다. 이 역시 조금 넘친다고 생각한 정주영의 최종 결정 금액은 8억 7,000만 달러.

그는 10억 달러로도 응찰하는 회사는 없을 거라며, 현대는 거기서 1억 3,000만 달러나 싼 금액을 제시했기에 낙찰 받는 데 별 무리가 없을 거라 판단했다. 실무팀을 지휘하던 전갑원 상무는 너무 싸다고 말렸다. 그러나 정주영은 결정된 금액을 절대 조정하지 않았고, 44개월의 공사기간에서 무려 8개월을 단축시켜 공사를 끝내는 것으로 서류에 명시하도록 지시했다.

1975년 2월 16일 10시 정각.

사우디아라비아 체신청의 입찰담당관이 회의실에 나타나, 앞으로 5분 이내에 입찰서를 제출하도록 안내하였다. 실무진 대표로 전갑원이 투찰실에 들어가 서류를 최종 제출하였다. 그런데 투찰실에서 나오는 전갑원의 표정의 왠지 떨떠름했다.

"왜? 입찰금액을 잘못 썼어, 전 상무?"

정주영이 물었다.

"아닙니다."

전갑원은 자신 없는 표정으로 대답했다. 수상쩍게 여긴 정주영이 다시 다그쳤다. 그러자 전갑원은 주저주저하는 표정을 짓다가 결국 이실직고했는데, 그는 8억 7,000만 달러가 아무리 생각해도 너무 싸다는 생각을 버릴 수가 없었다. 그래서 결국 최종 제출 직전에 자기 임의로 9억 3,114만 달러로 고쳐 쓰고 나온 것이었다.

정주영은 기가 막혔다. '사장의 지시를 어기고 자기 맘대로 써 넣다니, 이런 망할······.' 그런 생각이 치솟았지만 이미 엎질러진 물이었다. 이제는 기다려보는 수밖에 없었다.

오후 3시가 되어 입찰 결과가 발표되었고, 모두들 초조한 심정으로 귀를 기울이고 있었다. 그런데 이게 웬일인가? 최종 낙찰된 곳은 9억 444만 달러를 제시한 미국 브라운앤루트 사였던 것이다. 망연자실한 순간이었다. 정주영은 넋을 잃은 채 서 있기만 했고, 불행의 제공자였던 전갑원은 이미 어디론가 내빼버렸다. 하지만 행운의 신은 정주영을 모른 척하지 않았다. 잠시 후 갑자기 소회의실 문이 열리더니, 실무팀의 한 사람인 정문도가 손가락으로 V자를 그리며 희색이 만면해서 나오고 있었다.

"뭐야? 어떻게 된 거야?"

정주영이 다그쳐 물었다.

"우리가 됐습니다."

브라운앤루트 사의 9억 444만 달러는 해양유조선 정박시설 부문에 국한된 가격으로, 전체 공사가 아닌 부분 공사 가격을 그렇게 냈던 것이다. 이로써 브라운앤루트 사의 입찰은 곧 무효화되었고, 그 다음으로 낮은 가격을 제시했던 현대건설 쪽에 최종 낙찰이 되었다. 발표자는 다음과 같이 말했다.

"현대는 주베일 산업항 건설을 9억 3114만 달러로 투찰했습니다. 모든 서류는 완벽했고, 특히 44개월의 공사기간을 조건 없이 8개월 단축시키겠다는 제의에 감명을 받았습니다."

정주영은 날아갈 듯이 기뻤다. 불과 몇 분 전까지만 해도 전갑원의 얼굴이 꼴도 보기 싫었는데, 이제는 당장이라도 안아주고 싶은 심정이었다. 결과적으로 전갑원의 최종 수정 금액이 6000만 달러를 회사에게 더 벌어다준 꼴이 되었을 뿐 아니라 투찰에도 성공시킨 계기가 된 것이다.

일주일 후 공사의 선수금으로 7억 리알이 수표로 지급되었다. 한국은 그날이 건국 이후 최대의 외환을 보유한 날이었고, 현대 자체로서도 한국 제1의 기업으로 올라서는 날이기도 했다.

사상 최대의 공사,
주베일 항만 건설

　이제 제대로 공사하는 일만 남았다. 공사의 규모는 어마어마했다. 우선 방파제 축조만 1,068미터에 이르렀고, 콘크리트를 타설하여 쌓은 암벽의 길이만 2,980미터였으며, 바다 한가운데 대형 유조선의 정박시설은 물론이고 그에 따른 항만 부대시설 등을 만들어야 했다. 공사 기간은 3년이었으면, 계약일로부터 1개월 안에 기초작업에 착수하여 4개월 후부터는 본격적인 공사에 들어가게 되어 있었다.

　각종 시방서를 토대로 인력과 자재에 대한 검토를 다시 해본 결과 인력동원에는 별 문제가 없었지만, 자재의 양은 예상대로 엄청났다. 우선 철강재의 경우 12만 톤이 필요했고, 시멘트는 48만 톤, 기타 철근이 8,000톤, 대형 석재 및 콘크리트에 사용되는 골재가 350만 세제곱미터였다. 이것을 트럭으로 계산하면, 철강재는 12톤

대형화물 트럭으로 1만 대 분이고, 시멘트 역시 12톤 대형화물트럭으로 4만 대가 달려야 하며, 기타 철근이나 석재, 자갈 등의 골재가 남산 크기만큼 소요되는 격이었다.

시방서를 작성한 참모들은 공사의 규모가 너무 엄청나서 경악을 금치 못했다. 현대건설이 국내 1위라곤 하지만 주베일 항만 공사는 상상을 초월했던 것이다. 당시 주베일 항만 공사는 지구역사상 가장 큰 공사로 일컬어지는 등 현대건설이 섣불리 달려들 만한 상황이 아니었던 것이다.

간부들은 현대건설의 능력으로 이 공사를 도저히 수행해 낼 수 없다고 판단했고, 그러한 보고를 정주영에게까지 올렸다. 공사의 입찰에 성공한 것까지는 좋으나, 이 공사를 제대로 수행하지 못할 경우 현대건설은 물론 한국 전체의 신인도에 중대한 문제가 발생할 수 있기 때문이다.

더구나 정주영은 공사에 필요한 모든 자재 중 85퍼센트는 국내에서 조달한다고 방침을 세웠다. 현지에서 직접 물자를 조달하여 공사를 하기도 벅찬 노릇인데, 공사 자재의 85퍼센트를 국내에서 직접 가져다 쓰겠다고 본인이 선언해버린 것이다. 그때 정주영의 생각은 한국에서 자재를 가져다 써야 한국 경제가 좋아지는 것이지, 현지에서 자재를 조달할 경우 우리나라에 무슨 도움이 되겠냐는 것이었다.

그 말을 듣자 정주영 휘하의 임원들은 더욱 경악했다. 공사도 힘든데, 멀리 2만 킬로미터나 떨어진 한국에서 원자재까지 가져와야 한다니 그 운반 또한 쉽지 않기 때문이다.

그때 정주영은 이렇게 일갈했다.

"모든 것은 나에게 맡겨라. 겁이 나거든 집에 가서 누워 기다려라."

흔히들 이 대목에서 정주영을 '밀어붙이기로 일하는 계산 없는 스타일의 기업가'라고 평가절하한다. 그러나 정주영은 그렇게 무모한 사업가가 아니었다. 이명박의 증언이다.

"정주영 회장은 무서울 만큼 치밀한 계산을 가지고 사업에 착수했습니다. 정 회장은 행동하기 전에 치밀하게 분석하고 계획을 세우는 사람이었습니다. 공사규모가 커서 현대 내부에서도 반대가 많았던 것은 사실이었어요. 그러나 정 회장이 그 많은 반대를 무릅쓰고 자신 있게 공사를 맡았던 까닭은 국내에서 울산조선소 도크 공사 등 대규모 토목공사를 성공시킨 경험이 있었기 때문입니다. 그러한 경험을 바탕으로 부하들에게 여러 각도에서 조사하고 계산하게 하여 그 결과를 토대로 결단을 내린 것입니다. 그저 마구잡이식으로, 밀어붙이기로 한 것이 아닙니다."

정주영이 마구잡이로 밀어붙이기식 경영을 한 것은 아니라는 물증이 또 있다. 당시 정주영이 주베일 항만 공사를 수주하면서 '물가 상승에 따라 공사계약금을 올려주는 물가연동제를 적용한다.'라는 조항을 넣은 것이 바로 그것이다. 아무리 공사계약금을 많이 땄다 하더라도 물가가 폭등하면 공사계약금 금액이라는 것 자체가 별 의미가 없다. 정주영은 바로 그것을 계산에 넣고 물가상승분에 대한 연동적용을 공사계약서에 포함시킨 것이다. 그만큼 그는 치밀했다. 물론 그 치밀한 계산 이면에는 정주영의 뼈아픈 경험, 바로 고령교 공사 때 물가 상승에 따른 엄청난 손해를 보았던 경험이 늘 마음속에 박혀 있었기 때문이다.

정주영과 현대건설의 임직원은 공사수행의 만전을 기하기 위해 작전에 돌입했다. 그는 소수의 참모들과 함께 물자의 적기 투입을 위해 국내외의 수송 및 구매선을 재점검하고, 철 구조물과 해상 장비의 적기 투입을 위해 현대조선과 긴밀한 협조 체제를 구축하라고 지시했다.

또 36개월의 공기를 틀림없이 맞춰야 한다는 점도 당부했는데, 그 중에서도 특히 문제가 된 것은 유조선 정박에 필요한 철 구조물의 제작과 운반이었다. '자켓'이라 불리는 철 구조물은 모두 89개가 필요했다. 문제는 그것의 크기로, 철 구조물 하나의 크기는 가로 18미터, 세로20미터, 높이 36미터였는데 그 무게만 550톤, 다시 말해 10층 빌딩의 크기였다. 다만 그게 하나가 아니고 무려 89개가 필요했으니 그 규모는 가히 엄청나다.

이것을 울산의 현대조선소에서 제작하여 세계 최대의 태풍권인 필리핀 해구를 지나, 동남아 해상과 몬순이 부는 인도양을 거쳐 걸프 만까지 어떻게 끌고 가느냐 하는 게 최대의 어려움으로 떠올랐다. 이것을 사우디아라비아 현지에서 제작한다 해도 대형공장이 들어서고, 원자재인 철강은 수입해서 들여와야 했으므로 남 좋은 일 시키느니 아예 울산의 현대조선소에서 만들기로 했던 것이다.

결국 대형 바지선을 동원해서 그걸 거기에 싣고 끌고 가기로 계획을 잡았다. 만만치 않은 일이었다. 울산에서 주베일까지의 1만 2,000킬로미터나 되는 거리도 문제였지만, 한여름이면 태풍이 발생하는 악천후의 동남아 해상을 통과하기란 그야말로 천운에 몸을 맡기는 수밖에 없었다. 이는 전 세계 토목 역사상 유례가 없는 일이었다.

그러나 정주영은 해보기로 작정했다. 필요한 기자재를 주베일까지 옮기는 데 모두 열아홉 차례의 항해를 해야 했고, 그중에 단 한 번만이라도 실패한다면 공사는 차질이 올 것이고 자칫하면 공사 자체가 수포로 돌아갈지도 모를 일이었다. 만일의 위험에 대비해 항해보험을 들자고 건의했던 참모들도 있었지만, 외국 유명 보험회사조차 세계적으로 없었던 일이라며 위험부담을 감안해보니 천문학적인 숫자의 금액이 나왔다. 자칫하면 배보다 배꼽이 더 클 지경이 되어 보험 건은 철회되었다.

다른 방법을 강구했다. 일단 철 구조물이 유사시에도 물에 가라앉지 않도록 대책을 세웠고, 태풍이 불어 만약 철 구조물이 떠내려간다면 어디로 갈 것인지 해류를 추적해보니 대만 앞바다 쪽이었다. 그럴 일이 없기를 바랄 수밖에 없지만, 혹시나 이러한 상황이 닥치게 되면……, 그땐 할 수 없이 대만 앞바다로 가서 끌고 오면 될 일이었다.

남은 것은 결단이었다.

"하자."

보통 사람들 같으면 상상도 못할 일이었다. 우선 1만 마력 터그보트 3척, 2만 톤짜리 바지선 3척, 5,000톤짜리 바지선 3척을 만들어 이 배들이 교대로 철 구조물을 끌고 항해하도록 했다. 항해의 안전을 위해 동남아와 인도양 해상의 파도와 태풍을 컴퓨터 시뮬레이

선으로 예측해서 거기에 필요한 프로그램을 배에 장착시켰다.

드디어 바지선이 출항했다. 한 번에 35일씩 걸리는 뱃길이었으므로 한 달에 한번 씩 바지선을 출발시켰다. 7항차까지는 무사히 사우디아라비아의 주베일까지 도착했지만, 안타깝게도 8항차 때 그만 사고가 발생했다. 싱가포르 앞바다에서 바지선이 대만 국적의 상선과 충돌하려 다행히 자켓 중 한 개의 파이프가 구부러지는 경미한 사고였다. 또 한 번은 태풍이 불어 바지선 한 척이 떠내려갔는데, 예상했던 대로 대만 해안 쪽으로 떠내려가 있어서 금세 찾아낼 수 있었다. 컴퓨터 시뮬레이션으로 예측한 사전 조사가 주효했던 것이다.

이렇게 해서 19항차까지 거의 안전한 경과로 모든 운반을 마치게 되었다. 대성공인 것이다. 발주처인 사우디아라비아 감독청도 경악을 금치 못했다. 과연 정주영은 정주영이었다. 조금 과장해서 얘기한다면, 지구를 마치 손안에 올려놓고 공깃돌 돌리듯 하는 거인다운 발상과 거인다운 추진력이 그에겐 있었던 것이다.

사우디아라비아 주베일 공사 현장

정주영과 직원들의 의지와 집념으로 세기의 대 역사라는 주베일 항만 공사는 계획대로 성공리에 끝났다. 현대는 이 공사로 인해 수송, 토목, 건설, 수중공사, 플랜트, 중공업 기술 등 거의 전 분야에서 기술의 약진을 이루었다. 또한 한국이 건설 토목 분야에서 만만치 않은 저력이 있음을 전 세계에 과시하는 계기도 되었다.

현대건설이 중동에서 달러를 많이 벌어온 것은 공사 자체의 성공도 있지만, 모든 물자를 국내에서 가져다 쓰면서 달러를 아꼈기 때문이다. 중장비나 철 구조물은 물론이고, 한국근로자들에게 필요한 작업복, 헬멧, 신발에서부터 음식재료, 세면도구, 심지어는 이쑤시개와 성냥까지 모두 국내에서 가져다 썼던 것이다.

'현대와 일하면 먹을 게 하나도 없다.'

당시 중동 현지인들은 늘 이런 불만을 얘기했다고 한다. 현지인들은 뭔가 물자를 납품해야 돈을 버는데, 현대건설은 모든 물자를 본국에서 가져다 쓰기 때문에 자신들이 납품할 것이 하나도 없었다.

1976년 사우디 주베일 공사현장의 야경

현대는 중동에서의 공사경험을 바탕으로 1985년 또 한 번 사상 최대의 해양 철 구조물 공사에 도전한다. 미국의 엑슨 사가 발주한 해양 철 구조물 공사가 그것이다. 이때 철 구조물의 크기는 미국 뉴욕에 있는 102층짜리 엠파이어스테이트 빌딩의 크기와 맞먹는 규모였다. 처음에 미국의 엑슨 측에서는 현대중공업의 기술수준을 믿지 못하여 매우 까다로운 조건들을 제시했는데, 이때 정주영은 만일 철 구조물의 제작과 운반에 실패할 경우 보상금은 물론 거기서 발생하는 손해를 전액 보상하겠다는 파격적인 제안을 함으로써 마침내 계약을 하게 되었다. 그러나 이렇게 거대한 철 구조물도 현대중공업은 거뜬히 제작하여 태평양을 건너 현지까지 도착시켰다.

당시 캘리포니아 산타바바라 연안에 설치된 이 사상최대의 해양 철 구조물은 크기도 크기러니와 정밀성 또한 최고 수준이었다. 높이가 375미터나 되는 초대형 자켓이었지만 직선오차의 허용기준은 ±6.4밀리미터 정도였다. 그러나 철 구조물이라 하더라도 기온에 따라 하루에 75밀리미터가 수축·팽창하기 마련이고, 특히 한여름에는 150밀리미터나 움직이게 되어 있는 것이 업계의 상식이다. 그러나 현대중공업은 수많은 시행착오 끝에 마침내 허용오차 6.4밀리미터 이내로 줄이는 데 성공했다. 결국 엑슨 측은 현대에 서한을 보내어 '현대중공업이 아니라 현대정밀공업'이라는 찬사를 보내기도 했다.

오르지 못할 나무였던
조선 사업

1967년 한국에는 희망이 솟고 있었다. 한국이 세계무역수출기구
(GATT)에 가입하면서 수출 활로가 넓어졌기 때문이다. 박정희 대통
령은 섬유와 신발 등만을 수출해서는 경제성장을 이루는 데 한계
가 있으며, 경공업 중심의 산업은 외화가득률이 높지 않기 때문에
산업체제 자체를 중공업으로 전환해야겠다는 구상을 가지고 있었
다. 즉 조선이나 기계, 전자 등과 같은 고부가가치 산업을 창출해
야 좀 더 많은 달러를 벌 수 있다고 판단한 것이다.

이 정책은 훗날 한국이 수출대국으로서의 돌파구를 연 시발점이
되었는데, 당시 박 대통령이 구상한 첫 번째 사업은 조선이었다. 조
선은 일자리를 많이 창출할 수 있는 업종이면서 자주국방을 위해
서도 반드시 필요한 산업이다. 게다가 기계와 운송, 항만 산업을
겸한 산업이라 이것을 발전시키면 기계, 운송, 항만이 동시에 발달

하므로 선진국들은 조선 산업을 통해 고부가가치를 창출한다는 점을 대통령은 알고 있었다. 박정희 정부의 제3차 경제개발 5개년 계획 중 최대의 핵심사업도 바로 조선소 건설이었다.

문제는 이 조선 산업을 민간업자에게 맡겨야 하는데 그것이 누구인가 하는 것이었다. 그때 박정희와 김학렬 경제기획원장관 두 사람이 동시에 떠올린 인물은 바로 현대건설 사장 정주영이었다. 평소 소탈한 면과 저돌적인 면을 둘 다 가지고 있는 정주영을 박 대통령은 꽤 좋아했다고 한다.

어느 날 정주영을 청와대 집무실로 부른 대통령은 그에게 조선소 건설을 추진해 보라고 직접 당부했다. 정주영은 난데없는 대통령의 당부에 망설였으나 문득 마음 밑바닥에서부터의 하나의 기억이 떠올랐다. 젊은 날의 그가 언젠가 배가 고파 인천 부두에서 하역작업을 할 때, 이곳에 나중에 큰 조선소를 짓고야 말겠다는 결심이 그 순간 떠올랐던 것이다. 그리고 이어서 바로 그 전해에 이춘림 회장과 일본 굴지의 조선소인 요코하마 조선소, 가와사키 조선소, 고베 조선소를 방문했던 기억도 새로웠다.

하지만 조선 사업이야말로 아무나 하는 것이 아니었다. 당시 한국은 조선과 같은 거대한 사업을 일으킬 만한 기술도 돈도 없었다. 그 두 가지를 해결하기 위해서는 선진국의 조선업체와 기술제휴를 맺는 한편, 조선소를 짓기 위한 차관 도입, 즉 돈을 빌리는 방법 외에는 없었다.

그러나 기술도 돈도 없었던 정주영이지만, 맨땅에 헤딩하는 것이야말로 정주영의 장기 아니었는가. 1인당 국민소득이 350달러에 불과하던 1967년, 운동화 한 켤레를 사도 한 달을 채 신지 못했을 정도로 모든 공산품들의 품질이 안 좋았던 그 시절, 손톱도 제대로 잘리지 않을 만큼 손톱깎이 상태도 나빴던 그 시절, 그는 감히 조선 산업에 뛰어들기로 결심한다.

일단 조선 산업의 선진국인 일본과 캐나다, 미국을 방문하기로 했다. 그리고 각기 그 나라에서 세계굴지의 조선업체와 접촉을 시도했다. 그러나 반응은 냉담했다. 한국과 같은 후진국은 조선소를 건설할 역량이 없으므로 차관을 해줄 수 없다는 것이었다. 특히 미국 기업들은 거의 문전박대로 일관하여 아예 만날 기회조차 주지 않았다. 일본의 조선업계도 역시 한국과 정주영을 평가절하하며, 만나주기는 했으나 터무니없는 소리라며 일축했다.

그렇다고 국내의 전문가들이 정주영에게 호의적이었던 것은 아니다. 당시 어떤 장관은 "정주영은 토목쟁이다. 조선소를 건설하려면 기계, 전기, 전자, 터빈 같은 중공업 기술이 필요한 것이지, 길을 닦거나 집을 짓는 토목기술이 필요한 것이 아니다"면서 정주영을 비판했다. 조선은 기술집약적이며 막대한 자본이 드는 사업이므로 현대건설의 역량으로는 되지 않는다는 얘기였다.

돈과 기술을 빌러 갔다가 빈손으로 귀국한 정주영을 보고 김학렬 장관은 당황했다. 그러나 국내에서는 정주영 외에 조선소 건설을 맡길 만한 인물이 없었다.

며칠 후 다시 청와대로 불려간 정주영은 박정희 대통령에게, 아무래도 조선소 건설이 생각보다 쉽지 않다고 털어놓았다. 그랬더니 대통령은 분노 어린 표정으로 정주영을 노려보았다.

"국가가 절실히 원하고 한 나라의 대통령이 그토록 염원하는 사업인데, 이렇게 쉽게 못하겠다고 말씀이 나오시오? 대통령이 자존심을 걸고 추진하려는데 기업이 무시한다는 것은 국가를 경시하는 것이오. 지금 내 앞에 앉아 있는 사람이 반대를 무릅쓰고 작열하는 태양 아래에서 고속도로를 건설한 정주영 사장이 맞소?"

박 대통령의 일침에 정주영은 그대로 얼어붙었다.

"지금부터는 앞으로 현대가 어떠한 사업을 한다고 해도 일체 도움을 주거나 관심을 갖지 않겠소."

대통령의 무서운 일갈이었다. 정주영은 대통령의 조선 사업에 대한 집념에 다시 한 번 놀라움을 금치 못했고, 이후 뼈가 부서지는 한이 있어도 조선소를 건설하겠다고 결심한다. 마음을 고쳐먹고 다시 도전해보겠노라 대통령 앞에서 약속하자, 그제야 박정희 대통령은 말없이 그의 어깨를 두드려주었다고 한다.

스스로가 수여한
박사학위

영국 버클레이 은행장과의 차관 회의

　회사로 돌아온 정주영은 미국과 캐나다, 일본에서는 이미 문전
박대를 당했으니 다른 나라에서 차관선을 찾아보기로 하고, 우선
제일 처음으로 영국 런던에 있는 버클레이 은행에 문을 두드렸다.

그런데 막상 런던에 도착한 정주영은 버클레이 은행에 곧바로 가지 않고, 같이 동행했던 간부에게 뜬금없는 질문을 던졌다.

"이봐, 영국에서 제일 좋은 대학교가 어디야?"

정주영은 늘 말을 꺼내기 전에 '이봐' '이봐요'라고 말의 서두를 떼는 버릇이 있었다. 난데없는 정주영의 질문에 직원은 눈을 껌벅였다.

"제가 알기에는 옥스퍼드 대학입니다만……"

"옥스퍼드 대학! 그렇지, 그리로 가자."

그는 왜 정주영이 버클레이 은행으로 가서 차관 문제를 협의하지 않고 옥스퍼드 대학으로 가자고 하는지 알 수 없었다. 아마도 정주영이 옥스퍼드 대학 총장을 만나 어떤 부탁을 하려나 보다, 라고 짐작만 할 뿐이었다. 마침내 옥스퍼드 대학 교정에 도착한 정주영은 아무 말 없이 캠퍼스의 잔디밭을 10여 분 뺑뺑 돌았다. 그리고 나더니 "이제 됐다. 가자." 하고는 대학 캠퍼스를 떠나 그 길로 버클레이 은행장을 찾아갔다.

"어떻게 오셨습니까?"

버클레이 은행장이 물었다. 정주영은 버클레이 은행장에게 차관 교섭 차, 즉 돈을 빌려달라고 간청했다. 은행장은 난데없이 찾아온 한국의 기업가가 차관을 해달라고 하자 몹시 당황했다. 게다가 정주영은 자신을 소개하기를, 스스로 조선학 박사라고 말하는 것이 아닌가. 은행장이 물었다.

"어느 대학교에서 조선학 박사를 받으셨습니까?"

"아, 내가 방금 전에 옥스퍼드 대학에서 조선학 박사학위를 받았습니다."

버클레이 은행장의 눈이 똥그래졌다. 옆에 있던 현대 간부도 당황하긴 마찬가지였다. 정주영은 방금 전에 옥스퍼드 대학 교정에서 자기와 함께 10분 정도 잔디밭을 걸었을 뿐인데 지금 무슨 얘기를 하고 계신 건가.

"사장님. 언제 박사학위 받으셨어요?"

어이가 없었던 간부는 통역을 하기 전에 정주영의 저의를 알고 싶어 먼저 귓속말로 물었다.

"인마. 아까 받았다고 그래."

하는 수 없이 정주영이 시키는 대로 통역했다. 그러자 버클레이 은행장이 어떤 논문으로 박사학위를 받았느냐고 물었다.

"내가 조선소 건립에 관한 논문을 제출했더니, 단 두 시간 만에 박사학위를 줍디다."

은행장은 의아해했다. 옥스퍼드 대학이 단 두 시간 만에 박사학위를 심사해서 줄 리가 없었기에, 터무니없는 거짓말이라고 생각했지만 태연자약하게 말하는 정주영이 놀라웠다. 버클레이 은행장도 정주영의 연락을 미리 받은 터라 사전에 정주영과 현대건설에 대해 조사를 하긴 했었다. 그러니 한국의 유수한 기업 중 하나인 현대건설 대표가 자신에게 설마 거짓말을 하리라고 생각할 수 없었던 것이다.

버클레이 은행장이 그렇다면 그 박사학위를 보여 달라고 말하자, 정주영은 이내 지갑에서 당시 500원 짜리 지폐를 꺼냈다.

"은행장님. 이것이 무엇인지 아십니까?"

버클레이 은행장이 받아 보니 그것은 한국 돈, 그저 지폐일 뿐이었다.

"이 돈에 그려져 있는 것을 자세히 한번 보십시오."

은행장은 500원짜리 지폐에 그려진 그림을 자세히 보았다. 그 안에는 거북이가 한 마리 그려져 있었다. 정주영이 말했다.

"이 그림은 거북이가 아니라 거북선입니다. 우리나라에서는 500년 전에 이런 배를 만들었습니다. 이 배 한 척으로 수백 척이나 되는 일본의 군함을 모조리 싸워서 이겼습니다."

그제야 버클레이 은행장은 미소를 지었다.

"알겠습니다. 한국 조선공업의 역사가 만만치 않군요. 좋습니다. 당신이 얘기한 돈을 빌려드리겠습니다. 그러나 조건이 있습니다. 당신이 만든 배를 누군가가 사겠다는 계약서를 가지고 오십시오. 계약서를 가지고 오면 그 자리에서 돈을 내드리겠습니다."

이 말은 곧 사실상의 거절이었다. 서양 사람들은 거절을 할 때도 절대 상대를 기분 나쁘게 하지 않는 법이니까.

그러나 정주영은 실낱같은 희망만 있어도 밀어붙이는 저돌성과 추진력이 있었다. 버클레이 은행장이 일단 배를 사겠다는 계약서만 가지고 온다면 돈을 빌려주겠다는 약속을 했으니 그 문제만 해결하면 상대도 꼼짝 못할 것이다. 정주영도 상대가 사실상 거절했다는 것을 느끼고 있었지만 그렇게 쉽게 호락호락 물러설 수는 없었다. 기필코 해운업자 중 누군가를 찾아내어 그 사람으로부터 계약서를 받아 오리라 단단히 결심했다.

정주영이 은행 문을 나서자 문득 동행했던 간부에게 던진 말은 이러했다.

"이봐, 우리 성공했어."

직원의 판단으로는 분명히 거절을 당한 것인데, 정주영은 성공했다고 말하고 있었다. 환장할 노릇이었다.

그때부터 정주영은 자기에게 배를 만들어 달라고 계약서를 써줄 해운업자를 찾기 시작했다. 그렇게 여러 정보를 입수하여 적합한 사람을 물색하던 중, 그리스 최대의 해운업자인 리바노스라는 사람을 찾게 되었다. 리바노스는 '그리스의 해운왕'이라고 하는 오나시스의 처남으로, 리바노스 그룹은 그리스 최대의 재벌회사였다.

해운왕 오나시스는 훗날 케네디 대통령의 부인이었던 재클린을 아내로 맞아 세계적으로 유명해진 인물이다. 해운왕 오나시스는 그의 처남인 리바노스 가문으로부터 사업자금을 빌려 해운왕이 된 사람이지만, 엄연히 그리스의 전통적인 재벌 1위는 바로 리바노스 집안이다. 리바노스는 세계적인 부호답게 스위스의 쥬네브 호숫가에 있는 별장에 머무르고 있었는데, 이 호숫가는 전 세계 대부호들의 별장이 있는 곳이다.

정주영은 스위스로 리바노스를 찾아갔다. 이제 막 약관 32세의 젊은 사업가인 리바노스는 영화배우처럼 잘생긴 데다가 코가 비너스처럼 오똑한 사나이였다. 정주영은 그에게 자신의 조선사업에 대한 포부와 현재 걸려있는 여러 문제를 설명하며, 결국 왜 여기까지 찾아올 수밖에 없었는지를 자세히 설명했다. 은행장이 배를 사겠다는 계약서를 받아오라고 했다는 다소 체계적이지 못한 설명이었다.

리바노스는 당황했다. 난생처음 보는 '꼬레아'의 기업가 한 사람이 자신에게 뜻밖에도 어마어마한 부탁을 하고 있었기 때문이다.

그러나 리바노스는 정주영이 보통 사람이 아니라는 것을 직감했다. 그도 이미 사전 조사를 통해 한국의 현대건설이 한국에서는 대단위 토목공사를 하고 있는 제1의 건설회사라는 것을 알고 있었다.

곁에서 통역을 하던 간부 또한 정주영의 논리가 황당하게 느껴졌다. 정주영이 말한 대로 통역을 해야 할 것인가 말 것인가를 고민할 정도였다고 하니.

"회장님. 논리가 좀 황당한데요."

"야 인마. 지금 이것저것 따지게 됐어? 그냥 해!"

직원은 정주영이 시키는 그대로 통역했다. 리바노스는 정주영의 눈을 찬찬히 바라보더니 이윽고 손을 쓱 내밀었다.

"회장님, 그렇다면 조선소는 있습니까?"

그러자 정주영은 사진 한 장을 꺼내어 리바노스에게 보여주었다. 그 사진 속에는 초가집이 드문드문 있는 울산의 황량한 바닷가 모래사장 풍경이 담겨 있었다. 리바노스는 당황했다. 아직 조선소조차 만들지 않은 회사에서 어떻게 배를 만들 수 있다는 것인가. 자기가 계약서를 써 주면 그 계약서를 가지고 런던의 버클레이은행에서 돈을 빌려 조선소를 만들고, 그 이후에 조선소가 만들어지면 배를 만들겠다는 황당한 발상 아닌가. 리바노스가 사업을 하면서 그때까지 만난 업자 중에서는 정주영이 제일 황당한 사람이었다.

그런데 더 놀라운 것은 리바노스가 정주영에게 악수를 청했다는 점이다. 이는 곧 계약하겠다는 의사표시였는데, 훗날 정주영의 장례식에 참석한 리바노스의 회고가 그때의 결정적 이유를 대신 설명해주고 있다.

"저는 정주영 회장님을 처음 보았을 때 이 분이 보통사람이 아니라는 것을 직감했습니다. 무언가 큰일을 하실 분으로 이미 느꼈습니다. 저희 집안은 대대로 사업을 해왔기에 사업가에게는 사업가를 볼 수 있는 눈이 있습니다. 정주영 회장님은 우리의 기대대로 큰일을 이루셨습니다. 저의 직감이 맞았습니다."

다시 그날로 돌아가서, 리바노스는 정주영에게 뜻밖의 후의를 베푼다. 리바노스만의 사람 보는 눈으로 난생처음 만난 한국의 기업가를 덥석 믿어버린 것이다.

"정 회장님, 배를 한 척이 아니라 두 척 만들어 주세요."

결국 리바노스는 30만 톤급 유조선 두 척을 계약하겠다는 계약서를 정주영의 손에 쥐어줬다.

정주영은 그 계약서를 들고 다시 버클레이 은행으로 갔다. 리바노스로부터 받은 계약서를 건네받은 버클레이 은행장은 놀란 입을 다물지 못했다. 상식적으로는 도저히 이해할 수 없는 사건이 벌어진 것이다. 조선소도 없는 회사에 선박수주권을 따가지고 왔다는 사실도 믿기지 않은데, 게다가 계약의 상대가 세계적인 선박왕 리바노스였던 것이다.

미심쩍게 여긴 버클레이 은행장이 리바노스 측에 조회를 해보니 그것은 몽땅 사실이었다. 버클레이 은행장도 이제는 돈을 빌려주지 않을 명분이 없었다 결국 버클레이 은행은 정주영에게 4,300만 달러의 차관을 제공했다.

　정주영은 차관계약서를 들고 김포공항에 내리자마자 곧장 박정희 대통령을 찾아갔다. 대통령은 정주영이 드디어 차관을 빌렸다는 보고를 듣고서는 근엄한 표정을 풀고 어린애처럼 기뻐했다.

새벽 4시의 모험

이제 배를 만들기 위해서 허허벌판 울산 바닷가에 조선소를 세우는 일만 남았다. 하지만 조선소를 아무나 만들 수 있는 것은 아니라 전기, 전자, 철강, 터빈, 토목, 구조역학, 수리역학 등 최첨단의 기술이 총동원되어야 하는 것이다.

"조선이 별건가? 배 위에다 빌딩 하나만 지으면 되지."

정주영은 간단히 생각했다. 앞서도 얘기했듯이 일본의 혼다자동차를 설립한 혼다 소이치로와 정주영은 매우 비슷한 점이 많다. 가난으로 인해 학교도 제대로 다니지 못했다는 점도, 자전거 수리를 하다 점차 자동차에 대해 관심을 갖게 된다는 점도 둘 사이의 공통점이다. 그러나 또 하나의 공통점이 있다. 혼다 소이치로가 오토바이 제조를 하다가 자동차 사업을 시작하려 했을 때 그 밑의 많은 직원들이 기술의 부족함을 이유로 모두 반대하고 나섰다. 그때 혼다 소이치로는 이렇게 한마디로 끝내버린다.

"자동차가 별건가? 오토바이 두 대를 쇠파이프로 연결해서 지붕을 씌운 거지."

이 말은 위에서 정주영이 '배'에 대해 간단히 정의내린 것과 너무나도 흡사하다.

"학교에서 배운 머리는 쓸데없어. 현장에서 얻은 지식이 가장 중요해."라고 평소 일갈했던 혼다는 이론만 가지고 떠드는 사람을 가장 싫어했고, 무학 출신인 자신부터 스스로 '실천'이라는 모범을 보였다. 정주영 또한 소학교 졸업 학력이 전부였지만, 그는 경제학 박사학위, 경영학 박사학위 몇 개를 가진 사람보다도 더 크고 위대한 기업을 만들어낸 인물이다. 정주영이 대형조선소를 지어본 경험이 있어서 큰소리친 것은 결코 아니지만, 또 생각해보면 우리나라에서 언제부터 뭘 알아서 시작한 적이 있었는가. 일하면서 혹은 배우면서 만들어 나가면 되는 것이다. 모르면 배우고, 시간이 모자라면 밤이라도 새우면 되는 것이다.

공사가 본격적으로 진행되었다.

모든 것은 초특급이었다. 리바노스와 약속한 26만 톤급 배를 약속기한 내에 건조하려면 조선소 공사도 해야 하고, 한편에서는 배도 만들어야 했다. 조선소를 만드는 자금은 영국의 버클레이 은행이 주선해서 프랑스, 서독, 스페인 등 4개국에서 예정대로 도입됐다. 차관이 들어오고, 도크를 파내고, 안벽岸壁을 만들고, 14만 평

규모의 공장이 지어졌다. 한편에서는 근로자 5,000여 명이 살 수 있는 집도 지었다. 모든 것이 정신없이 돌아갔다.

현대조선소 건설 회의

조선소 건설은 24시간 365일 밤낮없이 진행되었다. 정주영은 이번에도 아예 울산 조선소 건설공사 현장에 침대를 가져다놓고 살았다.

정주영은 그날도 숙소에서 새벽 3시에 잠이 깨었다. 아직 날이 밝으려면 몇 시간 있어야 했지만 잠도 자지 않으면서 누워있는 것은 정주영의 체질에 맞지 않았다. 그는 옷을 주워 입고 지프차에 올라탔다. 자신이 직접 운전해서 이제 막 짓고 있는 울산의 현대조선소 공사장을 한번 돌아볼 생각이었다.

새벽 4시면 늘 같은 시간에 차를 타고 공장 안을 순시하였으므로, 그는 조선소 안을 손바닥 보듯 했다. 그런데 차를 몰기 시작할 때 갑작스레 폭우가 쏟아졌다. 캄캄한 새벽인 데다 폭우까지 쏟아지자 앞이 잘 보이지 않았다. 눈앞에 뭔가 희끄무레한 물체가 있다고 판단하여 핸들을 돌렸는데, 그만 정주영의 차는 희끄무레한 물체를 채 피하지 못하고 구르고 말았다. 그 희끄무레한 물체는 또아리 틀고 있던 밧줄더미였다. 차는 밧줄의 오른쪽을 타고 돌면서 몇 바퀴 구르더니 그만 바다로 떨어져버렸다.

　조선소를 짓기 위해 바다 위 30미터 지점에 콘크리트를 쳐 놓았는데, 그만 그 아래로 굴러 떨어진 것이다. 수심이 유독 깊은 바닷물로 추락한 그의 지프차는 점점 더 깊은 물속으로 가라앉았다. 차문을 열어보았으나 수압 때문에 열리지 않았다 정주영은 차문을 조금 열어 물이 들어오게 하였고, 차내에 물이 어느 정도 차자 그는 두 발로 있는 힘을 다해 차문을 밀었다. 문이 덜컥 열렸다. 그는 숨을 가까스로 참으며 차 밖으로 헤엄을 쳐서 나왔다.

　아직 겨울이어서 바닷물은 몹시 차가웠다. 신고 있던 구두가 헤엄을 치는 데 영 방해가 되는 것 같았다. 구두를 벗어버릴까 고민했던 그는 막상 맨발로 구조되면 왠지 창피할 것 같은 생각이 들어 벗지 못했다. 물 위까지 올라오는데 불과 1분도 안 되는 짧은 시간이 걸렸으나 마치 그것이 한나절처럼 길게 느껴졌다.

　물에 떠오르고 보니, 저 위의 초소에 젊은 경비원 한 사람이 서 있는 것이 보였다. 그는 파도를 헤엄치며 간신히 콘크리트 난간 쪽으로 최대한 다가갔다.

"야 인마, 밧줄 가져와!"

정주영이 악 썼다. 그러자 위에서 "거기 누구야!"라고 소리를 지르는 게 아닌가.

"이놈아, 누구긴 누구야! 어서 밧줄 가져오라니까!"

경비원이 내려다보니 물에 떠있는 사람은 다름 아닌 정주영 회장이었다. 경비원은 회장이 늘 이 시간만 되면 조선소 내부를 순시한다는 것을 알고 있었으므로 그 시간에 자지 않고 깨어있었던 것이다.

"아이구, 회장님. 거긴 왜 들어가셨습니까?"

"이놈아, 밧줄 가져오라니까!"

"그런데, 밧줄은 어디 있는데요?"

환장할 노릇이었다. 물에 빠진 사람에게 밧줄이 어디 있느냐고 묻다니, 정신 나간 놈이었다. 정주영은 경비초소 근처에 밧줄이 있다는 것을 알고 "그 옆에 있잖아! 잘 봐!" 하고 소리쳤다. 곧장 밧줄을 발견한 경비원은 뛰어가서 그것을 바다로 힘껏 던졌다. 밧줄을 잡고 간신히 콘크리트 위로 기어 오른 정주영은 가쁜 숨을 몰아쉬며 경비원을 올려다보았다. 자칫하면 세상을 하직할 뻔했던 순간이었다. 올라가기만 하면 '이놈을!' 하면서 크게 야단치려고 했으나 막상 목숨을 건지고보니 그 경비원이 고마웠다.

정주영은 옷이 흠뻑 젖은 채 자신의 집무실로 갔다. 새벽 일찍 출근했던 간부들은 회장이 물에 빠져 생쥐 같은 모습으로 나타난 것을 보고 눈을 똥그랗게 떴다. 체면이 말이 아니었다. 정주영은 물에 젖은 옷을 툭툭 털면서 "어, 시원하다"라고 멋쩍은 순간을 피했다.

며칠 후 정주영은 그날 자신에게 밧줄을 던져준 경비원을 불렀다.

"너, 소원이 뭐냐?"

그러자 경비원은 별 고민도 하지 않고 금세 대답했다.

"그저 여기서 잘리지 않고 평생 경비원 노릇이나 했으면 좋겠습니다."

그의 소박한 꿈이었다. 정주영은 그에게 자신의 목숨을 살려준 대가로 경비 용역회사를 차려 현대조선을 경비하도록 했다.

오늘날 한국의 현대중공업, 삼성중공업, 대우조선은 국내 1, 2, 3위의 선박 건조회사일 뿐 아니라, 동시에 세계에서도 각각 1, 2, 3위를 차지하고 있다. 바야흐로 한국은 세계 최대의 조선 국가가 된 것이다.

현대조선소의 작업 현장

감동 메모 -지금의 감동을 오래 간직해 보세요!

....
....
....
....
....
....
....
....
....
....
....
....
....
....
....
....
....
....
....
....
....
....

감동 메모 -지금의 감동을 오래 간직해 보세요!

감동 메모 -지금의 감동을 오래 간직해 보세요!

정주영 경영정신 7

"필요한 비난과
불필요한 비난을
구분하라"

더 바쁠수록
더 일할수록
더 힘이 나는

일이 많다고 불평하는 이에게

내가 다른 사람보다 열 배의 일을 한다고 해서
열 배 고달프냐 하면 결코 그렇지 않다.
일은 신이 인간에게 주신 축복이라고 생각한다.

반도체사업에
발을 담그다

1983년 봄, 정주영은 여주에 있는 아남 반도체공장 정문을 나서고 있었다. 반도체 사업을 벌이기 전에 실제 반도체 공장을 보기 위해서였다.

정주영은 앞으로 시대가 선박이나 자동차, 건설 등의 중공업에서 점차 전기, 전자업으로 이동할 것이라 내다보고, 이미 1978년부터 서서히 이쪽 분야에 관심을 두고 있었다. 세상의 흐름이 '중후장대'에서 '경박단소'로 이동하고 있다는 것을 동물적인 직감으로 알아챘기 때문이다. 그 해에 그는 이미 전자산업의 타당성을 검토해보라는 지시를 간부진에게 내려 보낸 바가 있었다.

그 결과 1981년 12월에는 그룹 종합기획실의 이현태 실장 휘하에 신규사업팀이 설립되었고, 거기서 반도체 사업진출에 대한 기본안이 만들어졌다. 기본안은 만들어졌으나 문제는 반도체를 생산해 낼 수 있는 기술이었다. 당시 반도체에 관한 기술은 전 세계에서 일본과 미국밖에 갖고 있지 않았으므로 그는 21세기 미래산업을 주도할 반도체 기술을 제공받기 위하여 일본으로 건너간다. 82년 2월 13일의 일이다.

거기서 정주영은 일본의 재계 지도자들을 만났다. 장소는 일본의 유명한 레스토랑인 도쿄회관이었다. 일본 측에서는 일한경제협회 회장인 히다카 데루(야마이치 증권 상담역), 부회장 고토 노보루(도큐 전철 사장), 나가노 시게오(상공회의소 회장), 이나야마 요시히로(경단련 회장) 등 일본을 대표하는 경제계의 거물들이 참석했다. 정주영과 일본 측 인사들은 무려 세 시간 동안이나 점심식사를 하면서 회의를 계속했다. 그러나 일본 측은 반도체 기술의 한국 공여에 대해 난색을 표명했다. 그들이 오랫동안 갈고닦은 기술이었던 만큼 넘겨주기가 쉽지 않았던 것이다. 당시 정주영은 일본 재계 인사들과의 회담이 원활하게 진행되지 않자 이렇게 말하고는 자리를 털고 일어섰다.

"서로 잘 아는 사이끼리 이토록 인색하다면, 앞으로 서구로부터의 기술도입이 불가피한 한국으로서는 일본과 협조하기보다 일본의 무서운 경쟁상대가 될 수밖에 없을 것입니다."

일본과의 협상이 무산되자 정주영은 미국으로 건너가 실리콘밸리를 직접 찾아갔다. IBM 사도 방문하고 여러 재미 과학자들도 만났다.

현대전자와 IBM사의 조인식

　당시 정주영은 일본이 반도체 사업에 뛰어들어 흑자를 내는 데
무려 18년이라는 긴 세월이 걸렸다는 점에 대해 고민하지 않을 수
없었다. 18년이나 걸리면 어느 세월에 일본과 미국을 따라잡겠는
가. 방법은 걷지도 뛰지도 않는, 날아가는 비행기에 올라타는 것밖
에 없었다. 그것은 곧 수순의 압축이었다. 기술을 들여와서 배우
고 다시 개발하는 그런 방법이 아니라, 단숨에 도입에서 개발로 가
는 길밖에 없다고 생각한 것이다.

　밀어붙이기에 관해서는 천하에 따를 자가 없던 정주영도 반도체
에 관해서는 오랫동안 구상하고 고민했던 흔적이 엿보인다. 그가
국내에서 최초로 반도체를 가장 먼저 도입한 아남산업 반도체 공
장을 방문한 것은 최종 결심을 하기 위해서였다. 한국에서 반도체
산업이 과연 앞으로 가능한지, 그만한 투자가치가 있는 것인지를

최종적으로 알아보기 위한 조사였다. 그의 물음에 아남의 관계자는 '피곤하다, 고달프다, 쉽지 않다'는 말을 반복했다.

그 무렵, 반도체를 시작하기 전에 정주영은 삼성그룹의 이병철 회장을 자주 만났다. 그때 이병철의 대답도 '돈으로 다 되는 것이 아니다. 상당한 연구가 있어야 한다'고 충고했다. 한마디로 만류했던 것이다. 그때 정주영은 이렇게 속으로 중얼거렸다고 한다.

'내가 내 돈 들여서 한다는데, 뭘.'

정주영은 아남산업의 정문을 나서면서 측근에게 말했다.

"지금까지 준비한 계획을 두 배로 늘려."

힘든 사업이니 하지 말라고 얘기했던 반도체 전문가들의 말을 오히려 청개구리처럼 알아들었는지. 그는 거꾸로 사업 준비를 두 배로 늘리라고 지시했다. 남이 '안 된다'고 말했다 해서 포기할 정주영이 아님은 진작에 알고 있지만, 그는 이것을 넘어 남이 안 된다고 하면 할수록 더더욱 도전 욕구가 강해지는 특이 체질이었다.

아남산업의 정문을 나서면서 바야흐로 현대는 반도체 업계로의 도전을 선언했다. 어찌 보면 다분히 즉흥적인 것으로 보이기도 하지만 사실은 그렇지 않았다. 종합기획실 사업팀에 면밀한 보고서 작성 지시가 떨어졌다. 반도체에 관해서는 그도 신중에 신중을 거듭하고 있었다. 종합기획실에서는 이현태 종합기획실장이 미국의 재미교포회사인 KDK일렉트로닉스에서 조사한 전자사업 전반에 관한 보고서와 자체 분석보고서 두 가지를 놓고 다음과 같은 결론을 내린다.

1. 한국의 생산 능력과 미국의 엔지니어링 설계 능력을 결합하여 최단기 간 내에 일본을 제압한다.

2. 미국의 현지법인을 설립, 설계는 미국이 담당하고 국내에서는 제품을 양산한다.

3. 리스크를 줄이기 위해 시장성이 큰 소수제품만을 대량생산한다.

4. 초기의 경영 적자를 최소화하기 위해 자동차 전장품용 반도체와 PC 등의 생산을 함께 한다.

5. 목표기술 수준은 선폭 2미크론(당시 국내 수준은 5미크론이었음)에 5인 치 웨이퍼, 집적도 64K 내지 256K 급의 VSLI(고밀도 반도체 회로)로 한다.

정주영의 지시로 사업팀에서 작성한 보고서를 보면, 가장 적합한 사업은 메모리 반도체이며, 현대자동차와 연계한 전장 시스템 사업을 운영해야 한다고 나와 있다. 이에 따라 현대는 1983년 11월 현대전자(오늘의 하이닉스) 이천공장을 짓기 시작했다.

현대는 명령이 떨어지면 팀이 급조되고, 밤을 새워서라도 목표를 달성하는 특징이 있다. 일본 기업가들의 애기이지만, 현대는 럭비 공 같아서 튀는 방향이 보이지 않아 두렵다고 한다. 예측불허이기 때문에 일본 기업들이 대응책을 마련하기 어렵다는 뜻이다. 이것이 정주영의 추진력이자 현대의 장점이다. 관솔불을 들고 철야를 해서라도 고속도로 공사의 공기를 맞추는 것이 현대의 힘이었다.

이렇게 해서 미국의 현지법인과 공장이 세워지고 이천의 현대전자 설립에 2,780억 원이 투입되어 공장이 설립된다. 미국의 현지공

현대전자 조립 라인

장은 착공 1년 3개월 후에 완공되었는데 회사가 만들어지기 무섭게 캐나다의 노바텔 사로부터 차량전화기 생산을 수주, 제품 생산에 들어갔다.

이천 공장은 착공에서 준공까지 2년 11개월이 걸렸는데 그 사이 인재들도 대거 스카우트되었다. 이른바 '벨 사단'이라 불리는 미국 AT&T의 벨 연구소 출신들이 들어왔다. 오계환, 김세정, 황인석, 박홍섭, 유희준 등 벨 연구소 출신자들은 밤을 새워가며 현대를 내세울 메모리 반도체 개발에 나섰다.

공장이 완공되는 날 이천에 내려온 정주영은 그날 저녁 사기진작을 위해 전 직원 500여 명에게 식사와 술을 냈다. 기술자와 임직원들 모두 마음껏 술을 마시며 즐기자 이천 시내의 국산양주가 몽땅 동이 나버렸다. 목표를 위해서는 까짓 술쯤이야 얼마든지 살 수 있다는 생각에, 정주영은 당장 서울에서 직접 술을 실어오라고 지시했다. 왕 회장의 한마디에 서울에서부터 어마어마한 양의 국산양주를 실은 트럭 한 대가 도착했다.

현대전자가 반도체 시장에 뛰어들자 일본의 반도체 생산회사들은 '드디어 올 것이 왔다'는 자조 섞인 한탄을 했다. 물론 한편에서는 정주영의 스타일로서는 도저히 전자산업을 할 수 없을 것이라는 분석도 있었다.

현대는 곧 반도체를 쏟아내기 시작했다. 국내외에서 정주영 스타일에 대해 질투 반, 우려 반으로 시샘을 했으나 그것은 곧 물거품처럼 사라졌다. 그리고 16년 후인 1999년 현대전자는 2만 2,000명의 직원과 총자산 20조 원 규모의 세계적인 반도체 회사가 되었고, 반도체 D램 분야에서는 세계 1위로 올라서기까지 했다.

그러나 그 이후 하이닉스는 현대를 떠나 상당히 오랜 기간을 표류하다 2014년에 SK 그룹에 인수되어 세계 2위의 메모리 반도체 회사로 다시 부활했다.

정주영 경영 에피소드 | 진급 이야기

한때 현대그룹 직원들은 정주영 회장의 비서들이 진급을 너무 빨리 하는 것 아니냐고 불평한 적이 있었다. 평사원이 통상적으로 대리가 되는 데 3년이 걸리는 것에 비해, 비서실의 평사원은 2년 만에 대리로 진급했던 것이다. 직원들의 이러한 불평을 들은 정주영은 말했다.

"그런 불평을 한 당사자, 당장 비서실로 근무시켜."

진급에 대해 대표적으로 불만을 토로했던 한 당사자는 졸지에 비서실 직원이 되었다. 하지만 그는 비서실에서 단 두 달을 버티지 못하고 그만두고 말았다. 매일 같이 새벽 5시 이전에 출근하는 것을 견디지 못했던 것이다. 나중에 정주영은 이렇게 말했다.

"비서실 직원이 평사원보다 두 배나 더 일을 많이 하는데, 일찍 진급하는 것은 당연한 거 아냐?"

서산 방조제 공사

1984년 2월의 어느 날, 정주영은 서산 A지구 방조제 공사현장에서 바닷물을 바라보고 서 있었다. 6,400미터의 방조제 구간 중 가운데 270미터 구간이었다.

정주영은 멀찌감치 서서 그곳을 바라보았다. 바라보고만 있어도 몸이 빨려 들어갈 것만 같은 급류가 쏜살같이 흐르고 있는 지점이었다.

물살이 어찌나 거센지 승용차만한 바윗덩어리를 부어도 그만 흔적도 없이 쓸려 내려갔다. 작업장에서는 15톤, 30톤짜리 덤프트럭들이 철사로 엮은 돌망태를 가득 싣고 와서 방조제에 부렸지만, 조류에 빨려 들어가기가 무섭게 그것들은 떠내려가고 말았다.

서산 앞바다는 조수간만의 차가 크다. 한강에 홍수가 났을 때도 물의 흐름이 초당 6.5미터 정도에 불과한데, 서산은 밀물이 들이닥

칠 때의 유속이 무려 8미터나 되었다. 따라서 8미터 유속에도 밀려나지 않는 거대한 돌을 부어넣어야만 물막이가 가능한 곳이었다.

이미 여러 차례 현대건설에서는 바다 속에 수천 트럭의 돌들을 트럭으로 갖다 부었으나 밀물이 올 때마다 번번이 떠내려가곤 하였다. 난공사였다.

묘수가 안 보일 때 그걸 찾아내는 것은 정주영의 장기, 그때 정주영의 머릿속에 번쩍 떠오르는 아이디어가 있었다. 고철로 사용하기 위해 스웨덴의 워터베이 조선소로부터 322미터의 유조선을 30억 원에 사다가 울산에 정박시켜 두었던 것이 생각난 것이다.

서산 방조제 공사 당시의 현장

'워터베이 호 …… 그거라면.'

워터베이 호는 지금 막지 못하는 구간 270미터 보다는 50미터가 더 긴 322미터이고, 무게도 23만 톤이나 되니 바윗덩어리처럼 쉽게 밀릴 것 같지는 않았다. 생각이 거기까지 미치자 그는 당장 워터베이 호를 끌어오라고 지시했다. 정주영은 그 유조선을 울산에서 끌어다 서산 앞 바다에 세워놓고 조류를 막은 후 그 앞에 수천 트럭의 바위를 쏟아 부을 심산이었다.

1984년 2월 25일 새벽, 진눈깨비가 쏟아지고 있었다. 서산만에 밀물이 들이닥치자 유조선은 제자리를 잡지 못하고 흔들렸다. 새벽 4시, 유조선을 정확한 위치에 세우는 첫 번째 작전이 진행되었다. 그러나 유조선은 제 위치를 잡지 못하고 썰물에 밀리기 시작했다. 유조선 선장은 엔진을 풀가동시켜 썰물에 맞섰다. 새벽 4시부터 시작된 유조선으로 버티기는 오후 6시가 될 때까지 세 차례나 시도되었지만 모두 원하는 결과만큼 버티지를 못했다. 곁에서 그 광경을 지켜보고 있던 정주영이 유조선 위로 뛰어 올라갔다.

"에라, 내가 한다."

유조선에 올라간 정주영이 진두지휘에 나섰다. 저녁 7시가 되었다. 어둠이 내려 사위는 컴컴해졌고 눈이 빗방울로 바뀌더니 제법 거세게 흩뿌렸다. 임시로 가설된 조명등에 눈이 녹아 빗방울이 되어 흘러내렸다. 정주영의 지휘로 유조선은 간신히 서산방조제 위치까지 접안되었으나 배의 양쪽 끝으로 약 20미터 정도의 틈이 생기고 말았다.

20미터의 틈 사이로 서해의 거친 급류가 내해 쪽으로 빨려 들어가고, 거대한 유조선이 요동치기 시작했다. 자칫하면 유조선이 조류에 휩쓸려 들어갈 판이었다.

그때부터 다시 20미터의 틈을 메우는 작업이 벌어졌다. 밤 11시, 유조선의 꽁무니 쪽에 있는 20미터의 틈이 일단 막아졌다. 그러나 유조선의 선두 쪽은 급류로 인해 바다 쪽으로 밀려나버렸다. 무려 322미터나 되는 거대한 유조선인데도 불구하고 조류의 속도를 당하지 못했던 것이다.

이유를 분석해보니 거대한 유조선 탱크에 물이 차지 않아 해저에 닿지 않았기 때문이었다. 결국 예인선을 동원하여 다시 유조선을 방조제 쪽으로 밀어 넣는 작업이 진행되었고, 마침내 유조선은 방조제 사이에 꼭 맞게 자리를 차지하게 되었다.

2월 25일, 드디어 워터베이 호를 최종 물막이 구간에 가라 앉혔다. 예상한 대로 쏜살같은 조류도 그걸 쓸어내지는 못했다. 성공이었다.

이 공사를 성공시킨 것은 결국 정주영의 유조선 공법이었다. 이 공법으로 현대건설은 원래 계획된 공사기간 45개월을 36개월이나 단축하여 단 9개월 만에 완공했고, 또한 공사비도 280억 원이나

1984년 서산 워터베이 공사

절감 할 수 있었다. 23만 톤급 초대형 폐유조선을 가라앉힌 이른바 '유조선 공법'은 서산호 방조제 물막이 공사를 성공시켜 국내는 물론이고, 토목 역사상 어디에서도 찾아볼 수 없는 특수 공법으로 전 세계의 뉴스가 되었다.

더군다나 이 공사는 건물이나 다리를 새로 놓는 건축이 아닌, 바로 한국의 지도를 엄연히 바꾸어놓은 대역사였다. 이로써 한국의 지도엔 3,123만 평의 농지가 새로 생겼는데, 이는 대한민국 최대의 벌판인 전북의 김제평야보다도 더 크고 여의도 면적의 33배 정도 되는 어마어마한 땅인 것이다. 또 서산간척지로 인해 홍성과 안면도 사이의 길이 곧바로 연결되어 31킬로미나 거리가 단축되었다.

당시 정주영은 서산간척지를 만들기 전, 과거 조선시대 이래 국내에 만들어진 간척지 현장을 직접 답사하면서 이에 대한 사전 학습을 해두었다. 과거 국내에서는 고산 윤선도가 1600년대에 전남 강진 앞바다에 약 3만 평의 간척지 공사를 한 바 있고, 일제시대에는 삼양사가 전북 부안 앞바다에 대규모 간척지를 조성한 바 있었다. 정주영은 바로 그러한 현장들을 돌아보고 난 후 그 사업을 시작했던 것이다.

얼마 후 서산간척지는 제염 작업을 거쳐 1987년부터 시험영농이 시작됐다. 농장 내 목장에서 한우 2,000여 마리가 사육되었고, 이곳 땅에서 생산된 쌀은 33만 7,000여 섬으로 인구 50만 명의 시민이 1년 동안 먹을 수 있는 정도의 양을 만들어내었다.

정주영은 서산간척지가 완성되자 이렇게 말했다.

"아버지에게 이 땅을 드리고 싶습니다."

바덴바덴으로 간 현대

정주영은 아우토반을 타고 독일의 바덴바덴을 향해 차를 달리고 있었다. 올림픽을 유치하기 위해서였다. 바덴바덴은 인구 5만 2,000명의 작은 전원형 소도시로, 시내를 가로질러 오스 강이 흐르고 있는 유럽의 가장 유명한 온천관광지 중의 하나이다. 당시 한국 정부는 한국을 해외에 알리기 위한 가장 좋은 수단으로 올림픽 유치를 결정했다.

맨 처음 올림픽 유치를 결정한 사람은 박정희 대통령이었다. 1979년 박 대통령은 올림픽을 유치하겠다는 구상을 발표했으나 석 달 후 궁정동 안가에서 김재규 중앙정보부장의 총탄에 의해 타계했다. 대통령의 급작스런 사망으로 한국의 정치는 일대 소용돌이에 빠졌고, 당연히 올림픽 유치 문제도 물거품이 되었다. 그러다가 정국을 조기에 수습한 전두환 대통령은 올림픽을 유치하라고 다시 지시를 내린다.

이렇게 해서 급거 올림픽 유치단이 다시 만들어졌다. 그러나 당시 올림픽 유치단에 참여했던 정부부처의 장관이나 서울시장, 대한체육회 관계자들은 모두 올림픽 유치에 부정적이었다. 그러나 대통령의 지시가 있었으므로 안 할 수는 없었기에, 결국 올림픽 유치를 위한 대규모 사절단이 바덴바덴으로 건너가게 된다. 당시 정주영도 서울 올림픽유치위원회 위원장 자격으로 바덴바덴의 올림픽 유치단에 합세했다.

당시 외국의 IOC위원들은 한국의 정세에 대해 매우 불안해했다. 남북한이 대치하고 있는 상황에서 언제 전쟁이 터질지 모른다는 이유 때문인데, IOC 측의 이러한 생각을 한국 유치위원들 또한 이미 알고 있었다. 그들은 올림픽유치위원임에도 불구하고 "안 될 것이 뻔한데 왜 그렇게 기대를 하느냐?"며 정주영을 힐책했다.

올림픽 유치에 큰 기대를 걸었던 정주영은 그러한 부정적 의견을 들을 때마다 위원들을 설득하려고 했다. 그리고는 곧바로 현대그룹의 사장단과 임직원을 모두 집합시켜 IOC위원들을 만날 때마다 한국 유치에 대해 설득하라고 지시했다.

당시 IOC 위원들은 브래너스파크 호텔에 머무르고 있었다. 브래너스파크 호텔은 독일 바덴바덴 시의 쉴러 스트리트 4-6번지에 있는 고풍스러운 호텔로, 5층짜리 단아한 건물이지만 호텔 안에 냇물이 흐르고 숲이 우거진 전원형의 최고급 호텔이었다. 이 호텔은 32개의 초호화 객실인 스위트룸과 68개의 고급객실을 가지고 있었는데, 당시 IOC위원들은 모두 그 호텔에 머무르고 있었다.

정주영과 현대의 사장단은 IOC위원들을 만나 올림픽을 서울로 유치하기 위해 설득을 해야 했다. 문제는 그 호텔 출입은 IOC위원이 아니면 허용되질 않았다. 현대그룹의 사장들과 임직원은 브래너스파크 호텔을 기웃거렸지만 도무지 호텔 안으로 들어갈 방법이 없었다.

호텔 방은 고사하고 커피숍이나 식당에서 IOC위원들과 커피라도 한 잔 하면서 논리적으로 설명해야 하는데 아예 그 길이 원천 봉쇄 당한 것이다.

사장단이 정주영에게 도무지 IOC위원들을 만날 방법이 없다고 보고하자 정주영은 그에 대한 대책을 간단히 이렇게 언급했다.

"새벽에 IOC위원들이 조깅할 때 빤쓰 입고 따라 붙으면 될 거 아냐!"

다음날 새벽 5시, 한 무리의 사람들이 '빤쓰'만을 입은 채 브래너스파크 호텔 정문 앞에서 제자리 뛰기를 하고 있었다. 그들은 다름 아닌 현대그룹의 사장단과 임원들이었다. 모두 영어, 불어, 독어 등 최소한 외국어 한 가지 이상씩 의사소통이 자유로웠던 이들 임원진들은 새벽부터 올림픽 유치를 위한 각개전투에 들어가기로 한 것이다.

여담이지만, 정주영도 웬만한 영어는 통역 없이 의사소통이 가능했다. 대다수의 사람들이 정주영은 영어 한 마디 할 줄 모르는 기업가일 거라고 생각하겠지만, 그는 실제로 아주 어려운 대화를 제외하고는 통역 없이 의사소통이 가능한 영어실력을 갖고 있었고, 일본어도 상당한 수준이었다. 물론 그의 영어공부는 학교나

학원에서가 아닌, 순전히 차안에서 혼자 단어장을 들고 배운 독학이었다.

이윽고 아침 6시쯤 되자 IOC위원들이 새벽운동을 하기 위해서 '빤스'를 입은 조깅복 차림으로 호텔 밖으로 나왔다. 정주영과 현대그룹의 사장들은 각자 자신들이 담당할 IOC위원들을 정했다. 사마란치 위원장은 정주영이 직접 맡기로 했다. IOC 부위원장과 각국의 위원들에게도 현대그룹의 사장들이 한 사람씩 따라붙게끔 미리 각본을 짰다.

사마란치 위원장이 나오자 정주영도 조깅복 차림으로 사마란치 위원장을 따라 붙으면서 "좋은 아침입니다. 위원장님" 하고 인사를 건넸다.

사마란치 위원장은 처음에는 누군가 해서 어리둥절하였으나 그가 한국 측의 정주영 올림픽유치위원장인 것을 알고 미소를 지었다. 정주영은 자신도 아침운동을 좋아하여 매일 아침마다 조깅을 하고 있다면서 사마란치 위원장에게 말을 걸었다. 두 사람은 같이 30분간 조깅을 하면서 올림픽에 관해 여러 가지 대화를 주고받았다.

시간이 흘러 사마란치 위원장이 숙소로 돌아갈 때쯤 되자 문득 정주영은 붉은 장미 꽃바구니를 어디선가 갖고 와서는 사마란치에게 건넸다.

"사모님에겐 선물로 가져다 드리십시오."

현대의 다른 사장단들도 정주영과 같은 방식으로 각국의 IOC위원들과 조깅을 하면서 빨간 장미꽃 한 다발을 선물했다. 그날 각국의 IOC위원들은 호텔로 돌아가 부인들에게 장미꽃 다발을 선물했고, 아침부터 꽃 선물을 받은 여인네들은 좋아하지 않을 리 없었을 것이다.

이러한 정주영 측의 조깅은 두 달간이나 계속되었다. 그 두 달 동안 현대의 직원들은 현지에서 매일 아침 새벽 꽃시장에 나가 싱싱한 꽃을 사가지고 들어왔다. 얼마나 꽃을 많이 샀는지 새벽시장의 꽃이 동이 나버렸고, 결국 현대그룹에서는 아예 꽃밭 하나를 사버렸다고 한다.

서울올림픽 유치위원단

반면에 일본 나고야로 올림픽을 유치하기 위한 일본 측 유치단원들은 IOC위원 전원에게 세이코 시계를 선물했다. 당시 그들에게 세이코 시계는 개당 30만 원이 넘는 값비싼 귀중품이었기 때문에 IOC위원들은 이를 뇌물로 인정하고 받지 않았다. 그러나 정주영과 현대 측에서 선물한 꽃은 아무 문제없이 받았다. 뇌물은커녕 아침 마다 주는 즐거운 선물이었기 때문이다.

그러는 한편 정주영은 IOC 청문회에서 한국을 소개하는 15분짜리 홍보영화를 상영했다. 외국의 위원들은 한국에 대해서 잘 모를 뿐더러 어떤 이들은 아프리카의 신생국 정도로만 알고 있기까지 했다. 그들은 홍보영화를 지켜보며 빌딩 숲을 이루는 서울의 거리와 빼곡히 들어찬 자동차의 행렬이 이어지는 저곳이 정말로 대한민국 맞냐며 웅성거리기 시작했다. 그들의 눈에 들어온 장면은 뉴욕이나 도쿄와 별반 다르지 않았다.

그들은 자신도 모르는 사이에 한국이 88올림픽을 개최하기에 조금도 손색이 없는 사회적 인프라를 갖추고 있다고 생각했다. 한국에 대한 인식이 바뀐 것이다.

드디어 1981년 9월 30일, 바덴바덴 시의 88올림픽 개최지 발표장, 사마란치 IOC 위원장이 투표 결과를 발표하기 위해 연단에 섰다. 너무나도 유명한 장면이다.

"쎄울 52, 나고야 27."

'52대 27'로 한국이 일본을 누른 것이다. 사마란치의 말이 마이크를 타고 흘러나오자 객석에 있었던 한국 측 올림픽유치위원들은 함성을 지르며 자리를 박차고 일어났다. 그들은 서로 얼싸안고 만세를 부르며 눈물을 흘렸다.

그때 정주영은 그 광경을 보면서도 의자에 앉은 채 꿈쩍도 하지 않았다. 같이 갔던 올림픽유치위원이 "정 회장은 기쁘지 않습니까?"라면서 이상히 여겨 물었으나 그는 여전히 요지부동이었다. 결국 곁에 있던 위원들이 정주영의 팔을 잡아당기는 바람에 그는 마지못해 일어났다.

훗날 기자들이 정주영에게 물었다.

"그 당시 회장님은 왜 자리에서 일어나지 않으셨습니까? 서울이 올림픽을 유치한 게 기쁘지 않으셨습니까?"

정주영은 대답했다.

"사마란치 위원장의 '쎄울'이라는 말이 발표되는 순간 우리는 이긴 것입니다. 우리가 일어나서 길길이 좋다고 날뛰면 그 광경을 TV로 지켜보던 일본 국민들의 마음은 어떻겠습니까. 어차피 발표

자리에 앉아 있는 정주영

가 나는 순간 우리가 이겼는데, 그렇게 길길이 날뛰면서 좋아하는 장면을 방영하게 해서 일본을 적으로 만들자는 겁니까. 또 일본에 찬성표를 던진 IOC위원들도 많습니다. 그들의 마음은 어떻겠습니까? 그들도 적으로 만들자는 것입니까. 우리 한국은 앞으로도 일본과 협력해야 할 일들이 너무나도 많습니다. 우리끼리 숙소에 돌아가서 기쁜 마음으로 건배를 할 수는 있어도 그 자리에서는 오히려 참아야 하는 것이 현명한 태도라고 봅니다."

전광석화와 같은 정주영의 판단이었다. 남들이 앞뒤 가리지 않고 좋아서 길길이 날뛸 때, 그는 머리를 한 바퀴 더 돌린 것이다. 그런 면에서 정주영은 탁월한 순발력을 가진 기업가였다.

감동 메모 -지금의 감동을 오래 간직해 보세요!

감동 메모 -지금의 감동을 오래 간직해 보세요!

정주영 경영정신 8

"나의 꿈은
항상 현재진행형이다"

밝게
맑게
바르게

세상을 부정적으로 보는 이에게

세상을 밝게 맑게 바르게 보고
이 사회에 보탬이 될 목적으로 살면
할 일은 태산처럼 많고 그 많은 일은 결국
신이 우리에게 주신 축복이란다.

왜 북한을 바라보았는가

    1989년 1월 14일, 정주영은 북한에 입국비자를 신청했다. 북한 당국은 정주영의 입국비자를 검토한 끝에 1월 25일부터 2월 3일까지 북한 방문을 허가한다고 발표했다.

    현대 측 방북단들은 1월 21일 오전 10시 30분 KAL기 편으로 중국 북경을 거쳐 평양으로 들어갔다. 북한 당국은 평양방송을 통해 남조선의 기업가 정주영이 고향을 방문하기 위해 북한에 왔다고 공식적으로 보고했고, 이어서 정주영 회장이 강원도 통천군 출신이며 그의 고향에는 가족과 친지들이 기다리고 있다고 전했다.

    그러나 정주영이 고향을 방문하기 위해 북학을 방문했다는 평양 방송의 보도는 극히 일부분일 뿐, 정주영은 북한의 고위층 인사들과 차례로 만나 금강산 개발 및 남북합작투자, 남북경제교류 등을 논의할 계획이었다. 1월 26일 방북 이틀째를 맞은 정주영은 북한의

2인자인 조국평화통일위원회 위원장 겸 당 비서인 허담과 만났다.

그의 북한 방문은 1월 30일 소련의 타스통신에 의해 자세히 소개되었는데, 이곳에서도 정주영이 고향을 방문하기 위해 간 것이 아니라 남북한 경제협력을 증진하기 위한 남북경제협력위원회의 구성과 시베리아경제개발계획에 남북한이 공동으로 참여하는 것과 관련된 문제를 논의할 계획이라고 보도하였다. 이것이 정주영의 방북에 관한 첫 외신보도였다.

정주영은 9박10일간 평양에 머무르면서 오늘날 금강산 관광의 합의서를 현지에서 만들었고, 이에 북한 당국은 그에게 직접 금강산을 방문토록 배려해주었다. 금강산의 초대소인 은정각에 도착한 후 정주영은 감회에 젖었다. 그의 고향인 강원도 통천이 바로 금강산 자락에 있는 작은 마을이기 때문이었다.

그날 밤 저녁식사를 마친 정주영과 K전무는 은정각 초대소의 온돌방에서 베개를 가슴에 고인 채 서로 얼굴을 마주보았다. K전무의 손에는 하얀 백지 몇 장과 사인펜이 쥐어져 있었다.

"부르는 대로 받아 써. 우리 현대그룹은 북한 인민민주주의 공화국과⋯⋯."

이른바 금강산 사업에 대한 합의문 초안이다. K전무가 한참을 받아쓰고 있는데 정주영이 쓰고 있는 문안을 힐끗 쳐다보았다.

"이놈아, 한문으로 써야지. 언문으로 쓰면 어떡해!"

그러자 K전무가 이렇게 대꾸했다.

"이북사람들은 한문 안 쓰는데요?"

이건 그의 말이 맞다. 북한은 지금까지도 한글을 전용으로 사용하지, 한문은 일체 쓰지 않는다.

"뜻을 정확히 전달하려면 한문으로 써야지, 이놈아!"

그러자 K전무는 자신이 쓰고 있는 문안 중에 반드시 한문으로 써야 할 경우에만 한글을 한문으로 고쳤다. 몇 개의 글자를 한문으로 고치다 보니 서서히 헷갈리기 시작했다.

"젊은 놈이 공부를 안 해서 한문도 몰라, 한문도!"

K전무는 다시 한글을 한문으로 바꾸기 위해 애를 썼다. 그 중에서는 기껏 한문으로 고쳤지만 틀린 것도 여러 개 있었다. 그러자 정주영이 안경 너머로 K전무가 쓴 합의문을 보더니 하나하나 지적하기 시작했다.

"그 한문은 틀렸어. 그렇게 쓰는 게 아니야."

"저희 때는 한문을 안 배워서 잘 모르는데요."

그러자 정주영은 합의문 초안을 자신이 직접 한문으로 고치기 시작했다. 정주영도 글씨는 별로 잘 쓰지 못했지만, 어려서부터 『동몽선습』이나 『소학』, 『사서삼경』등을 뗀 경험이 있으므로 한문에 대한 소양은 상당한 수준이었다.

그렇게 해서 작성된 합의문 초안은 그 다음날 북한 당국에 전달되었다. 이것이 오늘날 금강산 사업을 열게 된 시초이다. 그때의 합의서에 이미 금강산 사업은 동부분계선, 즉 강릉과 고성을 잇는 국도를 통하여 DMZ를 지나 금강산으로 버스가 통행하도록 되어 있었다.

1월 31일 정주영은 기자회견을 갖고, 자신의 방북 목적이 금강산 공동개발임을 공식적으로 밝혔다. 이후 정주영과 북한 당국은 금강산 공동개발에 합의한다.

"금강산과 잇달아 있는 원산의 명사십리로부터 통천의 시중호 및 총석정, 금란 지구 등을 개발대상지로 확정했으며, 그밖에 공동개발에 필요한 자금 확보 방법과 개발을 위해 들어오는 인원들의 내왕 절차 및 관광객들의 내왕 방법과 개발을 위한 현지조사단의 제2차 회의 날짜 등에 대해 의정서 형식으로 채택했다."

당시 북한방송의 발표문이다.

북한 방문을 마친 정주영은 2월 1일 일본의 오사카 공항에서 기자들과 만나 금강산 공동개발에 북한 당국과 합의했다며 앞으로 정부의 승인을 받아 4월 하순이나 6월 초에 다시 북한을 방문할 것이라고 발표했다. 그러나 정주영은 예정됐던 2차 북한 방문을 하지 못했다.

문익환 목사의 돌발적인 북한 방문 때문에 국내외 정세가 여의치 않게 된 것이다. 남북의 정치 분위기는 급랭되었고, 따라서 정주영의 금강산 개발도 불투명해졌다.

북한과의 금강산 사업에 대한 논의 재개는 오랜 시간이 필요했다. 정주영이 처음으로 북한을 방문한 지 9년이 지난 1998년 10월 30일 밤 9시 5분, 정주영이 북한 최고의 영빈관인 백화원 초대소에 머물렀을 때이다. 갑자기 복도가 소란스러웠다. 김정일 국방위원장이 백화원 초대소로 곧 도착할 것이라는 내용이 전달되었다.

정주영은 다음날 아침 다시 서울로 돌아갈 계획이었다. 출국을 하루 앞둔 현대그룹 방북단 일행은 초대소의 객실에서 넥타이를 풀고 휴식을 취하고 있던 터라, 모두들 당황하여 서둘러 다시 옷을 갈아입고 대기하였다.

정주영, 정몽헌, 김영주, 정주영의 여동생인 정희영 등은 김정일 위원장을 만나기 위해 밤 10시 15분 초대소 입구로 나갔다. 초대소 입구에는 김정일 국방위원장과 김용순 조선·아세아·태평양 평화위원회 위원장과 송호경 부위원장이 기다리고 있었다.

방북 시 김정일과 아들 정몽헌과 함께

김정일 위원장은 정주영에게 "오시느라고 수고가 많으셨습니다." 라고 인사하면서 현대그룹 측 방북단 일행과 일일이 악수를 했다. 일행은 모두 접견실로 가서 자리를 잡았다. 김정일 위원장이 소파 중앙에 앉았고 그 오른쪽에 정주영이, 그 왼쪽에는 정몽헌이 앉았다. 김정일 위원장은 정주영을 '명예회장 선생'이라고 불렀고, 정주영은 김정일을 '장군'이라고 불렀다.

"원로 창업자 분들 중에서 유일하게 살아계신 명예회장 선생을 만나게 되어 영광입니다. 명예회장 선생이 황소 같은 분이라는 것을 잘 알고 있습니다. 하는 일마다 모두 잘 되지 않겠습니까? 앞으로 민족이 모두 잘 되도록 해나갑시다."

김정일 위원장은 정주영에게 존경과 예의를 가지고 대했다.

"금강산 관광사업은 현대가 모든 것을 맡아 적극적으로 해주면 고맙겠습니다."

김정일의 그 한마디에, 정주영과 그 일행은 금강산 관광개발 사업에 관한 모든 문제가 모두 합의되었음을 느꼈다. 김정일 위원장의 입에서 현대에게 모든 것을 맡기겠다는 발언이 나온 것이다. 이어 정주영은 "금강산에 호텔을 짓겠습니다. 또 온정리에는 온천을 개발하겠습니다."라고 말하면서, "석유가 많이 묻혀있다는데, 남한까지 파이프라인으로 공급받을 수 있도록 해주십시오."라고 본론인 원유문제를 언급했다.

"공화국에서 석유가 납니다. 그렇게 하도록 하겠습니다. 다른 데 하고 할 것 있습니까. 현대하고 하면 되지요, 그렇게 하도록 지시하겠습니다."

이렇게 정주영과 김정일 국방위원장은 남북협력사업에 대한 기본적인 합의를 모두 이루고, 초대소 입구에 걸려있는 대형그림 앞에서 기념사진을 찍었다. 관동팔경의 하나인 총석정을 그린 그림 속에는 파도가 힘차게 몰아치고 있었다. 김정일 국방위원장은 떠나면서 환송의 말을 건넸다.

"언제 또 오실 겁니까? 길을 터놨으니 자주 오십시오."

그러자 정주영은 마지막 순간에도 놓치지 않고 자신의 생각을 알린다.

"석유를 주시면 언제든지 오겠습니다. 서로 도움을 줄 수 있도록 노력했으면 합니다."

이때부터 금강산 관광 사업은 급물살을 타게 된다.

장장 9년에 걸친 정주영의 대북사업 주요일지를 정리해본다.

89년 1월	정주영 명예회장 북한 방문, 금강산 개발 의정 체결.
98년 2월 14일	정몽헌 회장, 베이징에서 북측과 협의.
98년 3월 5일	현대, 북한과 공동 생산한 화차 관입.
98년 6월 16일	정주영, 소 떼 200마리 몰고 2차 방북
98년 6월 24일	정주영 귀환, 금강산 관광 계약 발표.
98년 7월 29일	현대상선, 관광선 두 척 구입.
98년 8월 29일	정몽헌 회장 방북.
98년 9월 7일	현대 금강호 울산 미포항 입항.
98년 10월 6일	현대기술진 15명 방북.
98년 10월 13일	장전항 선착장 공사를 위해 자재 및 장비, 인력 등 출항.
98년 10월 18일	장전항 및 금강산 편의시설 공사 착공.
98년 10월 23일	북한 평양방송 관광객 신변보장 보도.
98년 10월 27일	정주영, 소 501마리와 승용차 20대 몰고 재방북.
98년 10월 30일	정주영, 김정일 위원장과 면담.
98년 10월 31일	정주영 일행 귀경.

이러한 9년간의 긴 과정을 거쳐 드디어 98년 11월 18일 오후, 900여 명의 관광객을 태운 현대 금강호가 동해항을 출항했다. 현대 금강호는 동해안을 따라 올라가 14시간 만에 장전항에 도착했다. 남북역사상 최초로 북한관광 시대가 열린 것이다.

현대아산은 금강산 관광사업을 시작한 지 6년 6개월 만인 2005년 6월 7일 금강산 관광 100만 명을 돌파했다. 처음에 바닷길로 시작된 금강산 관광은 이후 육로로 바뀌었고, 바닷길 관광객은 55만 7,681명이었으며 2003년 9월 이후 본격화된 육로 관광객은 44만 3,905명으로 총 100만 1,586명이 금강산을 찾은 것이다.

금강산 관광은 남과 북이 서로 물꼬를 튼 최초의 행사였으며, 이 관광사업으로 인해 남과 북은 급속히 가까워졌다. 또한 금강산 관광에서 한걸음 더 나아가 2005년 8월 18일부터는 개성 관광이 시작되었고, 이어 백두산 관광의 시대가 열렸다.

501마리 소 떼를 몰고

소 떼를 몰고 가던 당시 기뻐하는 정주영

정주영은 1999년 처음으로 '소 떼 방북'을 추진한 바 있다.

그가 소를 타고 북한을 방문한다고 했을 때 사람들은 모두 그 발상에 의아해했다. 왜 하필 소인가?

정주영의 소 떼 방북은 그 발상 자체가 향토적이다. 정주영의 어린 시절 우리나라의 농촌에서는 소 한 마리를 가지고 있으면 온 집안 식구가 먹고 살 수 있다는 정서를 가지고 있었다. 소 한 마리를 팔아 딸을 시집보내고, 소 한 마리를 팔아 아버님 환갑잔치를 했다. 소가 재산목록 1호이며 집안의 대들보였던 그 시절, 정주영은 그러한 정서를 어려서부터 느끼면서 자랐던 기업인이다.

정주영은 늘 새벽 5시 30분이면 계동에 있는 현대그룹 사옥에 출근했다. 회사에 출근하여 제일 먼저 지하에 있는 구내 이발소로 간다. 이발소에서 머리를 단정히 다듬고 아침 6시 15분에는 정확하게 9층 회장실로 올라왔다.

6시 15분 정각에 회장실로 들어서면 그에게 제일 먼저 전화 한 통이 걸려온다. 6시 15분에 전화를 건 사람은 현대계열사의 사장도 아니고 중앙부처의 공무원도 아니다. 이미 앞에서도 언급했지만, 그에게 전화를 제일 먼저 건 사람은 충남 서산의 목장관리인이다. 그가 보고하는 내용은 간밤에 소가 송아지를 몇 마리 낳았는가 하는 것이다. 아침에 출근하여 간밤에는 송아지가 세 마리밖에 나오지 않았다는 보고를 들으면 정주영은 왠지 풀이 죽었다. 그만큼 그는 아직까지도 농군의 정서를 가지고 있던 사람이었다. 소 떼 방북을 할 당시 서산목장에는 소가 2,000여 마리 정도 있었다.

어느 날 정주영이 사장단들에게 이렇게 말했다.

"나, 소를 데리고 평양에 가려고 한다."

그러자 사장단들은 모두 의아한 눈길로 정주영을 바라보았다.

"소를 몇 마리나 가지고 갈까?"

얼마 지나지 않아 사장단들은 왜 정주영이 소를 가지고 북한에 가려는지 눈치 챌 수 있었다. 그는 열일곱 살 때 자신의 아버지가 논밭을 사고 누이도 시집보내기 위해 소 판 돈을 장롱 속에 넣어 둔 것을 알고, 그 돈을 몰래 가지고 집을 나왔던 터였다. 정주영의 소 한 마리 값에 대한 죄책감은 평생 두고두고 아버지에 대한 불효로 남아있었던 것이다. 정주영이 자기 고향인 이북 땅에 소를 가지고 방북을 하려 했던 것은 아버지에 대한 불효를 오백 배, 천 배 갚고 싶어했던 마음에서 비롯된 것 아닐까.

"한 500마리 할까? 아냐, 500마리가 뭐야! 이왕 하려면 501마리로 해야지."

결국 최종 결론은 501마리였다. 밑에 사장단들이 물었다.

"500이면 500이지 왜 501마리입니까?"

그러자 정주영은 대답했다.

"한 마리를 더 보탠 것은 이번으로 끝이 아니라, 앞으로 더욱 이어질 수도 있다는 의미야. 여운을 줘야지."

소 떼를 몰고 38선을 넘어 북한을 간다는 정주영의 결심이 서자 사장단 중 한 명이 이렇게 말했다.

"회장님, 카우보이 같으십니다. 저 이참에 미국 텍사스에 가서 카우보이모자 하나 사가지고 와야겠습니다."

"그거 좋은 아이디어야. 간 김에 내 모자도 하나 사가지고 와."

정주영은 그렇게 산 중절모를 쓰고 비무장 지대를 지나 북한으로 소 떼를 몰고 건너갔다. 훗날 그가 쓰던 이 중절모는 한국지역사회교육협의회가 99년 4월 11일 주최한 지역사회 발전을 위한 기금마련바자회에서 300만 원에 팔렸다는 뒷얘기가 있다. 그 모자를 산 사람은 충북 청주에 사는 50대의 남자로, 평소 정주영을 존경해왔던 사람이다. 정주영의 회색 중절모가 신문이나 TV를 통해 꽤 유명해졌으므로 비교적 고가에 판매된 것이다.

1990년, 정주영은 러시아 고르바초프 대통령을 만나게 된다.

첫 번째 소련 방문 때 이미 정주영은 소련의 시베리아 개발 문제를 꺼냈다. 정주영이 고르바초프를 만나고 돌아온 한 달쯤 후에 노태우 대통령이 소련을 방문해서 정식으로 한·소수교가 이루어지고 국교도 정상화되었다. 그러자 정주영은 스스로 한소경제인협회장에 취임해서 극동시베리아 지방의 가스전 개발과 삼림벌채 사업에 뛰어들었다. 이때부터 정주영은 북방사업에 깊은 관심을 가졌다.

1998년 6월 16일, 정주영은 판문점을 통해서 소 떼 501마리를 몰고 방북해서 전 세계인의 관심과 이목을 집중시켰다. 민간기업인으로서는 최초로 북한을 방문한 지 9년만 만에 소 떼 501마리와 함께 북으로 건너간 그는, 지구상에 유일하게 반세기에 걸쳐 굳게 닫혀 있었던 판문점의 문을 최초로 열고 건너간 것이다.

세기의 예술 이벤트

그의 소 떼 방북을 보고 프랑스의 문명비평가 기소르망은 '세기의 예술 이벤트'라고 격찬했다. 그의 방북은 꽁꽁 얼어있던 남북 대결을 단숨에 화해와 평화의 분위기로 바꿔버렸다.

다시 제2차 소 떼 방북이 이어진다. 10월 28일, 간간히 비가 내리는 궂은 날씨였다.

"어젯밤 고향 가는 꿈을 꿔서 기분이 좋다."

정주영은 방북 소감을 그렇게 말했다.

9시 58분, 정주영은 다이너스티 승용차를 타고 판문점 자유의 집까지 이동했다.

자유의 집에서부터 중립국 감시위원회 회의실과 군사분계선을 걸어서 지났다. 오전 10시, 북측이 벤츠 차량을 제공하여 정주영은 그 차를 타고 통일각 쪽으로 넘어갔다.

이번 정주영의 두 번째 방북에는 정몽헌 고 현대회장, 김영주 한국프랜지 회장, 정주영의 여동생인 정희영, 김윤규 현대 대북경협 사업단장 등이 함께 갔다. 소 떼를 운반한 트럭에는 대한적십자기가 휘날렸고, 그 옆면에는 '정주영 명예회장 방북 소 운반 차량'이라는 플랜카드가 걸렸다.

소 떼를 실은 현대그룹의 차량이 판문점 군사분계선을 넘어 북측으로 넘어갔다. 북측에서는 현대 측의 트럭운전사들에게 '백두산 들쭉술'과 '인삼곡주', '붉은별 담배' 등을 선물로 주었다. 또 현대 측에서는 북측 안내요원 3명에게 '문배주'와 '안동소주', '시나브로 담배' 한 보루 등을 건넸다.

정주영의 2차 방북 때 바로 '앞으로 계속 지속될 것'을 기약하는 의미로 501마리의 소가 대이동을 하게 된다. 501마리 소의 암수 비율은 7:3으로, 5톤 트럭 15대, 8톤 트럭 35대 등 모두 50대에 나뉘어져 북으로 넘어갔다.

소 떼 방북 트럭

501마리의 소들은 27일 오전 5시 20분경 임진각 주변 자유로에 도착했다. 조명을 대낮처럼 밝힌 트럭들의 행렬은 3킬로미터나 이어졌다. 서산목장 측은 소들에게 사전에 진정제와 항생제를 미리 주사하여 소들의 건강상태를 보살폈다. 그때까지 소 떼 방북에 대해서 의아하게 생각하던 사람들도 이날 이후 현대아산의 금강산 관광개발을 보고 무릎을 치고 말았다.

다시 3차 소 떼 방북이 이어진다. 제 3차 방북은 2000년 8월 8일 출발했는데, 이때에는 소 떼 방북이라는 표현을 쓰지 않고 '통일소 북송'이라는 표현을 쓰기 시작했다. 8월 7일 자정, 서산목장에서 출발한 수소 200마리, 암소 300마리 등 500마리의 한우는 5톤 트럭 50대와 사료차 5대, 수행차량 등 모두 72대의 차량에 의해 북한으로 넘어갔다.

정주영의 마지막 꿈

　그러한 정주영의 노력의 결실로 2000년 6월, 김대중 대통령과 김정일 국방위원장은 남북 정상회담을 갖게 된다. 두 정상은 회담에서 시베리아 횡단철도 연결 사업을 추진하기로 합의했다.

　시베리아 횡단철도 연결은 두 가지 노선으로 나뉜다. 하나는 서울에서 출발하여 평양을 통과, 신의주를 이용하는 노선인데 이는 중국대륙을 통과해 유럽으로 가는 방법이다. 이른바 TCR(Trans China Railway)이다. 둘째는 중국을 거치지 않고 러시아의 블라디보스토크를 경유, 시베리아 횡단철도와 연계하는 방식이다. 말하자면 서울을 출발, 원산을 거쳐 함경북도의 나진·선봉을 지나 블라디보스토크에서 러시아의 광궤열차와 연결, 시베리아를 통과하여 모스크바, 유럽으로까지 연결하는 노선이다. 당시 시베리아 연결철도의 통과구간은 다음과 같다.

광주-부산-대전-서울-도라산(이상 한국)-군사분계선 통과-판문-손하-개성-개풍-려현-계정-금천-평산-기탄-침교-친계-정봉-지하리-지상-송정-이천-문동-판교-기산-후평-서하-약수-백산-신행-세포-산방-낙천-동가리-안변-원산-고원-함흥-청진-나진-두만-러시아 연해주

말하자면 시베리아 횡단 철도는 한반도 내에서 보았을 때 크게 이야기해서 서울과 신의주를 잇는 경의선 구간과 서울과 원산을 잇는 경원선 구간으로 나눌 수 있다.

즉 서울, 평양, 신의주, 중국통과~모스크바 노선의 경우는 경원선 구간보다 모스크바까지 1,000킬로미터가 더 가깝다, 또 북한 통과 구간이 평야지대이며, 철로 상태도 비교적 양호하다는 장점을 가지고 있다. 그러나 현실적으로 보면 블라디보스토크로 연결하는 TCR(Trans China Railway)에 비해 모스크바까지 실제로 시간이 더 많이 걸리고 운임도 더 비싸다는 단점을 가지고 있다. 러시아의 철도 시스템은 운행거리가 길수록 운임을 낮춰주는 요금체계여서 연해주 노선이 거리는 더 길지만 요금은 더 싸다.

반면에 중국을 통과하는 TCR 노선은 통과해야 하는 도시가 많고, 통관 절차도 매우 까다로우며, 베이징 수요의 화물량이 폭주하여 병목현상이 심하다는 단점이 있다. 더구나 러시아는 과거부터 철도인프라에 많은 투자를 하여 전 구간이 복선전철화되어 있으며, 화물의 위치를 추적할 수 있는 시스템이 잘 갖추어져 있다는 장점을 가지고 있다. 말하자면 중국 노선에 비해 화물을 분실할 염려가 상대적으로 훨씬 적은 것이다. 지금 한국 정부는 이 두 노선

과의 연계를 어떻게 할 것인가를 고심하고 있는 상황이다.

당시 김대중 대통령은 "기차를 타고 서울에서 평양을 거쳐 유럽으로 가는 철의 실크로드 시대를 열자"고 말했다.

정주영이 대북사업에 그토록 온 정력을 쏟아 부은 이유는 무엇일까. 물론 통일에의 꿈도 있었을 것이다. 북에 고향을 두고 온 그로서는 누구보다도 간절하게 통일을 바랐을 것이다. 그러나 그것은 개인 정주영의 꿈이지 사업가 정주영의 꿈은 아니다. 정주영은 사업에 관해서만은 공과 사를 구별 못한 사람이 절대 아니었다.

정주영의 꿈은 금강산 개발이나 개성공단, 서해안공단 개발과 같은 것이 전부는 아니었다, 그의 꿈은 그보다 훨씬 장대했다. 이는 곧 부산에서 출발한 열차가 서울을 거쳐 평양을 지나 블라디보스토크에 연계되는 것이었다. 그 열차는 관광객을 태우고 블라디보스토크에서 시베리아를 달리는 목적이 아니라, 남한에서 생산된 수출품을 실어 블라디보스토크에서부터 모스크바를 지나 유럽의 파리에까지 연계하려는 수출열차인 것이다.

또한 정주영은 전 세계 원유의 30퍼센트가 매장되어 있다고 하는 시베리아의 원유를 남한으로 가져오고 싶어했다. 현대그룹이 시베리아에서 유전개발 사업에 뛰어들어, 거기서 생산된 원유를 블라디보스토크에서부터 송유관을 통해 북한의 나진·선봉을 지나, 북한 내륙지방을 통과한 후 서울까지 가져오는 것이 꿈이었던 것이다.

정주영의 꿈은 항상 경제성을 그 기반으로 하고 있다, 예컨대 부산에서 출발한 컨테이너선이 독일의 함부르크에까지 이르는 거리는 1만 9,000킬로미터다. 즉 부산에서 대만 앞바다를 지나 필리핀

해협을 통과하여 인도양을 거쳐 수에즈 운하, 지중해를 통과하여 함부르크까지 이르는 거리가 1만 9,000킬로미터로 27일이 소요되는 데 비해, 부산에서 출발하여 러시아의 하바로프스크를 경유, 모스크바를 지나 함부르크에 이르는 거리는 배로 갈 때보다 6,000킬로미터가 짧은 1만 3,000킬로미터이고, 그 시간도 무려 17일이나 단축되는 열흘에 불과한 것이다.

이것도 러시아를 경유한 TSR이 그렇고, 중국을 경유한 TCR로 이용하면 더더욱 짧아진다. 즉 부산을 출발해서 북한을 통과한 열차가 중국의 베이징을 거쳐 실크로드 지역을 지나 모스크바를 통과, 함부르크에 이르는 거리는 겨우 9,000킬로미터이며, 그 기간도 단 일주일에 불과하다.

정주영은 남북경협을 통한 북한의 개방을 유도하여 바로 이 TSR 열차와 TCR열차에 대한민국의 수출물량을 연계하고 싶어했다. 더구나 배로 컨테이너를 싣고 갔을 때에 비해, 기차로 컨테이너를 싣고 가면 그 요금이 훨씬 싸진다. 즉 배로 부산에서부터 함부르크까지 컨테이너 하나를 운반하는 비용이 2,200달러인 데 비해 TSR로 컨테이너 하나를 함부르크까지 운반하는 데 드는 비용은 980달러에 불과하다. 화물을 운반하는 선주의 입장에서는 당연히 위험한 바다 항로보다는 안전하고 빠르며 값이 싼 TSR이나 TCR을 이용한다는 것은 자명한 일이다.

또한 시베리아 내륙을 개발함으로써 우리나라 국가 예산의 3분의 1에 해당하는 원유대금을 좀 더 싼 가격으로 수입할 수 있는 대체효과도 있다. 한국의 원유는 중동이나 유럽의 북해 쪽으로부터 주로 수입되고 있다. 말하자면 엄청나게 먼 거리에서부터 원유를 싣고 들어와 울산에서 정제하고 있는 것이다. 반면에 시베리아 하바로프스크 일대에 매장된 막대한 양의 원유를 북한을 통과해서 한반도에 송유관으로 연결할 수 있다면 가격도 싸질 뿐만 아니라 원유의 안정적인 공급이라는 면에서도 커다란 이익을 가져올 수 있다.

정주영의 마지막 꿈은 바로 그것이었다. 그래서 정주영은 말년에도 러시아를 방문하여 옐친 대통령을 만났고, 심지어는 러시아에서 떨어져나간 칼믹 공화국의 대통령까지 만났던 것이다. 그러나 정주영의 죽음으로 인해 무산되었다. 아니, 무산된 것이 아니라 그의 유지를 이어나가는 후배들에 의해 지금도 여전히 계속되고 있다.

러시아는 약 48.6억 톤에 달하는 원유가 매장되어 있다. 그러나 이것은 서방 측 석유전문가들의 평가이고 러시아의 측의 전문가들은 약 270억 톤으로 평가하고 있다. 48.6억 톤에 달하는 러시아의 석유 매장량 중 72퍼센트가 서시베리아에 매장되어 있는 것이다. 그밖에 천연가스나 석탄의 매장량도 풍부하니, 한마디로 러시아는 천연자원의 보고인 셈이다.

이렇게 자원이 풍부한 북방사업을 본격화하고자 했던 정주영의 꿈은 과연 우리세대에서 이루어질 것인가. 정주영의 꿈대로 북한의 개방과 한반도 통일, 그리고 더 나아가서는 시베리아와 연계한 자원의 개발로 우리 대한민국은 아시아 최강의 국가로 자리 잡을 수 있을 것인가.

정주영의 마지막 꿈은 그 자체로 대한민국의 꿈이기도 하다.

감동 메모 -지금의 감동을 오래 간직해 보세요!

감동 메모 -지금의 감동을 오래 간직해 보세요!

감동 메모 -지금의 감동을 오래 간직해 보세요!

정주영 경영정신 9

"참된 위대함은
소박함에 있다"

부의 근원은
근검절약

적은 돈이라고 쉽게 쓰는 이에게

부의 근원은 근검이란다.
사람이 부지런히 일하면서 저축하면
자연히 신용이 생기고
자신도 모르게 성취감이 쌓여가서
사람이 크게 되고 나중에는 기적 같은
큰일도 다 이루어낼 수 있단다.

24시간을 보내는 방법

　정주영은 매일 새벽 3시 30분 전후로 하여 일어났다. 눈을 뜨면 머리맡에 있는 인삼차를 한 잔 마시면서 엎드린 채로 신문을 읽는 것으로 하루일과를 시작했다. 급한 볼일이 없을 경우에는 이 신문 저 신문을 가리지 않고 약 한 시간 정도는 신문 읽는 시간으로 꼭 할애했다고 한다.

　동이 트기 전 새벽 업무도 빼놓을 수 없다. 워싱턴에 있는 아들 정몽준으로부터 안부전화가 있었고, 사우디아라비아에 나가있는 최 전무로부터 현장전화가 있었으며, 도쿄의 백 이사로부터 일본과의 비즈니스에 대한 보고, 런던지사로부터의 자금 사정, 그리고 서산농장으로부터의 보고 등이 이어졌다. 이른 시간에 일어난 그는 전 세계의 현대그룹 지사로부터 들어온 팩스를 읽고 거기에 대한 답장을 보냈다. 서울이 새벽 3시 반일 때도 미국이나 유럽은 한창 일하고 있을 시간이었다. 그렇게 두 시간 동안 새벽 업무를 본 후 걸어서 현대 계동사옥으로 출근했다.

특별히 새벽 업무를 보지 않은 날이면 아침에 테니스를 한 시간 정도 치고 나서 7시 30분에서 8시 사이에 출근했다. 평소에도 조깅, 수영, 골프, 씨름 등을 즐겼던 그가 자식들에게 제일로 삼으라고 항상 일렀던 것도 건강의 중요성이었다. 건강 없이는 아무리 의지가 있어도 인생의 뜻을 이룰 수 없기 때문이다.

그 다음은 정직한 인간이 되라고 가르친다. 한 번 거짓말을 하면 거짓말이 거짓말을 낳아서 눈덩이처럼 커질 뿐만 아니라 맑은 정신을 흐리게 한다고 일렀다.

그의 출근길에는 늘 아들들이 동행했는데, 새벽에 그의 아들들은 정주영이 살고 있는 청운동 자택으로 찾아와 같이 아침식사를 했다. 아침식사 준비는 반드시 며느리들이 했으며, 가정부나 파출부는 일체 쓰지 않았다.

식단은 검소했다. 정주영은 평소 두부나 무생채무침 같은 서민적인 음식을 좋아했고, 육식을 별로 좋아하지 않았다. 미국이나 유럽 등 해외출장 때에는 할 수 없이 스테이크 같은 것을 먹기는 하였지만 될 수 있으면 한식으로 끼니를 때우고자 했다. 출장 갔을 때 육류 위주의 음식에 한창 신물이 났을 때면 그는 이렇게 말하곤 했다.

"이거 봐! 어디 찝찔한 것 좀 파는 데 없나?"

그가 말한 '찝찔한 것'이란 무생채나 오이지무침, 김치나 된장찌개 같은 것을 말한다.

정주영의 식생활 중에서 유명했던 것은 커피를 입에 대지 않았다는 것이다. 커피에 달러가 들어있다는 게 그 이유였다. 대신 대추차나 생강차를 즐겨 마셨다.

타계 후 공개되었던 청운동 자택의 방에 남아있던 거의 유품을 보면, 평소 일반 서민의 살림살이보다 더 검소했던 흔적을 여실히 찾아 볼 수 있다. 모양이 일그러진 낡은 구두, 구멍 난 면장갑, 카펫 대신 깔았던 하얀 광목, 낡은 금성 텔레비전……. 더군다나 한여름에 사용되는 냉방용품은 전혀 찾아볼 수 없었다. 회사에서도 자기 집무실에는 에어컨을 틀지 못하게 했다. 에어컨, 선풍기, 부채 등을 절대 집안에 들여놓지 못하게 했던 그의 지론은 '아무리 더워도 2주일만 참으면 된다'는 것이었다.

청운동 자택에는 너른 뒷마당이 있는데, 희한하게도 서울 한가운데 자리한 그의 집에는 담장을 발견할 수 없다. 대신 인왕산 바위만 그 주위에 우뚝 서 있을 뿐이다. 이에 대해 정주영은 말한다.

"우리 집에 담이 없는 것은 가져갈 게 없기 때문이야."

하지만 담장이 없는 정주영 집이라도 유독 한 곳에만 울타리가 쳐져 있었는데, 다름 아닌 뒷켤 장독대였다. 누군가가 고추장이 담긴 항아리를 자꾸 가져갔기 때문이다.

한국형 건설의 1세대 선봉에 서서 몸을 아끼지 않고 나섰던 거인 정주영도 개인의 일산 안에서는 철저히 보통사람 그 이상도 이하도 아니었다.

세상에 올 때 내 마음대로 온 것은 아니지만, 이 가슴에 꿈도 많았지
내 손에 없는 내 것을 찾아 뒤돌아볼 새 없이 나는 뛰었지
이제 와 생각하니 꿈만 같은데 두 번 살 수 없는 인생 후회도 많아
스쳐간 세월 아쉬워한들 돌릴 수 없으니 남은 세월 잘 해봐야지

그가 즐겨 불렀다는 '보통 인생'이란 대중가요이다. 이 노래 가사 그대로 그는 꿈을 가지고 뒤돌아볼 새 없이 한평생을 뛰었다. 새벽 5시고 6시고 할 것 없이 현장에 들이닥쳐 제대로 공사가 진행되는지 확인해야 직성이 풀리는 그였고, 호랑이 같은 성격 때문에 자식 여덟 형제 중 그의 손에 맞아보지 않은 아들이 없었다.

예술가에게서
상상력을 배우다

정주영은 1991년 여름, 시 전문지인 ≪심상≫이 주최하는 여름
해변시인학교에 참석했다. 해변시인학교란 여름에 시인과 독자들
이 만나 해수욕을 즐기면서 저녁에는 시낭송과 토론을 하는 여름
행사이다.

정주영은 이런 모임이나 어린이날 행사 등에도 가급적이면 시간
을 내어 참석했다. 정주영이 어린이날 행사에 참석했을 때 어떤 어
린이가 "할아버지는 어떻게 그렇게 돈을 많이 벌 수 있었어요?"라
고 물었다. 그때 정주영은 등산에 비유하면서, 높은 산을 올라갈
때 산 정상을 바라보면 질려서 올라가기 어렵지만, 앞 사람의 걸음
을 보면서 한걸음 한걸음 올라가다 보면 어느덧 정상에 가서 닿게
된다는 대답을 한 적이 있다.

우리에겐 '노가다'스타일만 있었던 것처럼 보이는 정주영도 사실

은 섬세한 면이 있고, 예술에 대한 낭만을 소중하게 알던 사람이다. 어린 시절 그가 몇 차례씩이나 가출하게 된 동기도 여러 이유가 있었겠지만, 그 기폭제가 되었던 것은 다름 아닌 시골 구장 집에 매일같이 배달되던 〈동아일보〉였다. 당시 〈동아일보〉에는 그가 좋아하던 소설인 이광수의 〈무정〉이 연재되었기 때문이었다. 이 소설을 읽으며 10대의 혈기방장한 청년 정주영은 더 넓은 세상에 나아가 자신의 꿈을 펼치고 싶은 욕망에 무려 네 번이나 가출을 했던 것이다.

젊은 날의 정주영은 『나폴레옹 전기』와 같은 위인전을 많이 읽으며 큰 감동과 배움을 얻기도 했지만, 만년에는 국내 여러 예술인들과 폭넓은 교유를 가졌다. 소설가 박경리와 이문열, 방송작가 김수현, 코미디언 이주일 등과도 만나 문학과 예술에 대해 이야기를 나누었는데, 그 이유는'그 분야에서 일가를 이룬 사람에겐 뭔가가 있다'라는 생각에 그들로부터 뭔가를 듣고 배우고자 했던 것이다.

언젠가 정주영은 소설가 박경리 선생 댁을 방문하기도 했다. 그날은 박경리의 장편소설 『토지』의 완간 출판기념회 축하행사가 열리는 날이었다. 당시 정주영은 월드컵에 관한 일 때문에 해외에 나갔다가 돌아오는 길이었고, 공항에서 내리자마자 바로 박경리의 집이 있는 원주로 달려왔다. 박경리와 정주영은 그때 이미 두 번째 만남이었는데, 첫 번째 만남에서 박경리는 정주영의 얼굴 안에 소년과 노인이 공존하고 있다는 인상을 받았다고 한다. 두 번째 만남에서는 정주영이 따뜻하고 겸손하며 감성이 풍부하면서도 예리하다고 느꼈다.

정주영이 그 바쁜 와중에 자신의 사업과는 별 관련이 없어 보이는 작가의 소설 출판기념회에까지 참석한 이유는 무엇일까. 정주영은 그런 자리를 통해 철저한 약육강식으로 돌아가는 기업의 세계에서는 미처 배울 수 없는 지식과 감성을 만나고 싶었던 것이다.

대우그룹의 김우중 회장도 해외출장 시에 도올 김용옥이나 소설가 최인호 등과 동행하면서 그들과 마라톤 대화를 나눈 적이 있지 않은가. 그는 비행기가 날고 있는 십여 시간 동안 그들과의 깊은 사유의 시간을 가졌고, 어느 분야에서 일가를 이룬 사람들끼리 대화를 나누면서 지식을 공유하고, 나아가 세계의 변화와 흐름을 파악하려 했었다.

정주영도 이와 마찬가지였다고 본다.

정주영은 배우려고 하는 면에서는 누구보다도 적극적이었다. 현대 건설 부사장을 지낸 권기태와 조선소 신설 문제로 노르웨이의 항구도시 바겐을 방문했을 때의 일이다. 저녁에 바에서 술을 마시는데 노르웨이 사람들이 왈츠를 추고 있었다. 정주영은 왈츠를 출 줄 몰랐기 때문에 그날은 그냥 자리에 앉아서 구경만 했다.

그 얼마 후 정주영과 권기태는 다시 괌으로 출장을 갈 일이 있었다. 권기태가 아침에 일어나 호텔방의 커튼을 젖히자, 저 아래 바닷가의 백사장에서 누군가 춤을 추고 있는 모습이 눈에 들어왔다. 눈을 크게 뜨고 다시 쳐다보니, 춤의 주인공은 정주영이었다. 그는 지난번 노르웨이의 바에서 본 왈츠를 기억해내곤, 지금 괌의 백사장에서 혼자 스텝을 밟고 있었던 것이다. 그때 정주영의 모습은 여지없는 열세 살짜리 소년이었다.

정주영이 많은 문인들이나 예술인들과 가까이했던 또 하나의 이유는 바로 '상상력'의 발현을 알고자 했던 바이다. 시인이나 예술가들은 누구보다도 자유로운 상상력을 가진 사람들이며, 이 상상력의 힘은 사업가에게도 절실히 필요한 에너지이기 때문이다. 각종 난관에 부딪혀도 상상력을 통한 아이디어로 이를 극복할 수 있고, 새 사업으로의 진출 시에도 이 상상력의 몫은 그 무엇보다 컸다.

정주영이 501마리의 소 떼를 이끌고 북한을 방문하는 희대의 이벤트를 만들어낸 것도 그가 얼마나 감성이 풍부하고 상상력이 뛰어난 인물인가에 대한 반증이다. 서산호 방조제 공사에서 그는 누구도 생각해내지 못했던 '유조선 공법'이라는 것을 즉흥적으로 구상해내었다. 조류가 워낙 세서 바윗돌들도 모두 파도에 휩쓸려 가버리자 20만 톤급 유조선을 가라 앉혀 파도를 막은 후 그 위를 메우는 사상 초유의 공법을 만들었던 것이다. 그것을 오늘날 토목업계에서는 '정주영 공법'이라 부르고 있다.

이 모두 상상력의 발현으로 인한 결과들이었다.

정주영의 청운동 자택은 1, 2층 합쳐서 건평이 70여 평 정도이다.

1층에는 응접실, 식당, 부엌, 아이들 방, 부인 변중석 여사의 온돌방이 있고, 2층에는 커다란 온돌방 하나와 자녀들이 자던 방, 자신의 침실 등이 있었다. 그의 1층 응접실에는 두 개의 액자가 걸려 있는데, 박 대통령이 쓴 '청렴근淸廉勤'과 '일근천하무난사(日勤天下無難事 : 부지런하면 천하에 어려움이 없다)'가 있다. 그 곁에 바로 맥아더 장군의 기도문이 걸려있는데, 이는 그가 가장 좋아하는 구절이 적혀 있기 때문이다.

'……바라건대 나를 쉬움과 안락의 길로 인도하지 마시옵고, 곤란과 도전에 대하여 분투항거할 줄 알도록 인도하여 주시옵소서.'

여기까지는 맥아더가 쓴 기도문이지만, 그는 그 아래에 이어서 자기 자신이 직접 쓴 기도문을 써 넣었다.

'이것을 다 주신 다음에 이에 더하여 유머를 알게 하여 인생을 엄숙히 살아감과 동시에 삶을 즐길 줄 알게 하시고, 자기 자신을 너무 중대히 여기지 말고 겸손한 마음을 갖게 하여 주시옵소서. 그리하여 참으로 위대하다는 것은 소박하다는 것과, 참된 지혜는 개방적인 것이고, 참된 힘은 온유함이라는 것을 명심하도록 하여 주시옵소서.'

정주영의 재치이다.

정주영 경영 팁ㅣ"먼저 인간이 돼라"

돈을 벌고 이윤을 남기는 일이 본업이었던 정주영도, 매사 삶의 첫째 순위는 '인간성의 우선'이었다. 그가 평소 자주 되뇌던 인성에 대한 조건이다.

첫째, 부모가 가난하건 부유하건 물질이 자녀교육에
　　　　　결정적인 영향을 미치거나 큰 조건으로 자리 잡지 않는다.
둘째, 부모는 자녀 앞에서 말을 앞세울 것이 아니라,
　　　　　행동으로 모범을 보여주어야 한다.
셋째, 자식들에게 자립심을 키워주어야 한다.
넷째, 자식들에게 긍정적 신념과 창조적 개척정신을 심어주어라.
다섯째, 자식 앞에서 자식을 키우는 공을 내세우지 말라.
여섯째, 공부하라는 말보다는 정서에 호소하는 교육을
　　　　　중요하게 여겨라.

그도 18번이 있었다

직원들과 노래하는 정주영 회장과 이명박 전 대통령

정주영은 가끔 농담 삼아 이렇게 말했다.

"음치의 3대 조건이다. 첫째, '앵콜'이 안 나와도 마이크를 놓지 않는다. 둘째, 청중을 무시한다. 셋째, 곡을 무시한다."

정주영은 1983년 신입사원 연수 때 또 다른 기록 하나를 세웠다. 마이크를 잡고 두 시간 반이나 놓지 않은 채 혼자 노래를 불렀던 것이다. 그는 자동차 안에서 그 모든 노래를 배웠다. 특히 사우디아라비아의 넓은 사막을 달리면서 카세트를 틀어놓고 차 속에서 노래를 따라 부르며 익혀두었던 곡이 가장 많았다고 한다.

언론인 남재희의 증언이다. 정주영은 혼자서 명동의 '반쥴'이라는 살롱에도 가끔 나타났었는데, 어느 날 저녁 남재희가 그곳에 갔더니 무대에서 정주영이 노래를 부르고 있더라는 것이다.

"누구하고 같이 오셨습니까?"

"혼자 왔지, 누구하고 와?"

"아니, 회장님이 수행원도 없이 혼자서 이런 델 오십니까?"

놀란 남재희가 되묻자 정주영은 웃으며 말했다.

"아, 혼자서 포장마차에 들러 가락국수도 먹고 가는데."

1985년 7월 어느 날, 강원도 경포대 백사장에는 현대건설 신입사원 연수회의 마지막 날 밤 행사가 진행되고 있었다. 남녀 사회자는 나름대로 재치 있게 무대를 진행했으나 분위기가 산만해져 어수선하였다. 어떤 여직원은 '왜들 이렇게 못 놀지' 하며 노골적으로 불만을 나타냈다. 이때 정주영이 하늘색 바지에 티셔츠 차림으로 어슬렁어슬렁 나타났다. 그는 사흘째 똑같은 복장이었다.

정주영의 표정에는 '노래라도 한 곡 시켜주지 않을까' 하는 내색이 역력했다. 그 내색은 오래 가지 못했고, 결국 그는 밴드 옆으로 슬쩍 다가갔다. 그러자 사회자가 눈치를 채고 마이크를 정주영에게 넘겨주었다. 마이크를 받아 쥔 정주영은 '때는 이 때다' 하는 것처럼 '이거야 정말', '나를 두고 아리랑', '해뜰 날' 이렇게 세 곡을 쉬지 않고 불렀다. 정주영이 노래를 부르자 서먹서먹해 있던 신입사원들은 모두 뛰어나와 함께 춤을 추며 노래를 불렀다. 정주영도 신입사원들과 어깨동무를 하고 껑충껑충 뛰면서 목청이 터지게 노래를 불렀다. 분위기에 취한 그날 신입사원들은 정주영을 번쩍 들어 올려 헹가래까지 쳤다.

그는 노래 부르는 것을 좋아했지만 연극도 자주 보았다. 〈신의 아그네스〉, 〈연인 안나〉, 〈나비처럼 자유롭게〉가 그가 보았던 연극들이다.

정주영이 세상에서 가장 아깝게 생각한 것이 하나 있는데, 그것은 술값이었다. 먹었다 하면 한 사람 앞에 10만 원씩 나왔기 때문에 정주영은 그것을 몹시 아까워했다. 쌀 한 가마니 값이 6만 원이었던 시절인데, 하루 저녁에 쌀 한 가마니 이상의 돈을 주고 술 마시는 것이 못마땅했던 것이다.

부자의 낡아빠진 구두

정주영 회장의 낡은 구두

부자가 된 사람치고 근검절약하지 않은 사람은 없다.

서산목장에서의 일이다. 어느 날 정주영은 서산목장에 들렀다가 마을의 소들이 서산목장에 들어와 풀을 뜯고 있는 것을 보게 되었다.

간척지를 개간해서 염분을 빼느라고 몇 년이 걸려 이제 겨우 풀이 나기 시작했는데, 마을의 소들이 남의 집에 들어와 풀을 뜯는 것을 보자 순간 아깝다는 생각이 들었다.

호되게 야단을 칠 생각으로 목장관리인을 불렀다.

"왜 남의 소들이 들어와 풀을 뜯게 그냥 내버려 두는가?"

그러자 목장관리인은 대답했다.

"저 소들이 우리 목장에 들어와 풀을 뜯는 것을 보고 저도 처음엔 아깝단 생각이 들었습니다. 그래서 생각을 해보았습니다. 저 소들이 와서 풀을 뜯고 똥을 여기서 싸는 것이 이익인가, 아예 들어오지 못하도록 하는 게 이익인가 하고요. 생각해보니 저 소들이 여기서 풀을 뜯고 똥을 싸는 것이 이익이더라고요."

그 말을 듣자 정주영은 파안대소했다. 목장관리인이 얄미울 정도로 머리를 잘 썼기 때문이다.

정주영은 소 떼 방북 이전부터 서산목장에 남다른 관심을 가져왔다. 서산목장에 들를 때면 늘 그곳의 영빈관에 머물렀다. 방 한 개와 거실, 식당으로 꾸며진 단출한 영빈관. 이 방은 말이 영빈관이지 실제로는 보통의 평범한 직원숙소와 하등 다를 바가 없다. 방 안에 놓인 오래된 나무책상, 20인치 텔레비전, 구식 침대 하나와 빛바랜 작업복이 걸려있는 옷장, 그것이 전부였다. 영빈관에 호사를 부린 흔적이 있다면 그것은 방바닥에 깔린 카펫이었다. 그는 살아생전에 카펫이라는 것을 아주 싫어했는데, 막상 노년이 되어 무룝관절이 나빠지자 측근에서 정주영의 건강을 생각하여 이 카펫을 선물한 것이다.

그는 사원들에게 자신은 호화로운 카펫 같은 것을 방바닥에 깔고 살아본 적이 없다고 입버릇처럼 말했었는데, 사후에 공개된 그의 방은 과연 그의 말 그대로였다. 그가 세상을 떠난 날 공개된 그의 자택에는 카펫 대신 하얀 광목이 깔려있었고, 깨끗하게 빤 구멍 난 실장갑이 수북이 쌓여있었다.

그의 방에 놓여있던 텔레비전도 대단했다. 도대체 언제 적에 나온 물건인지 알 수 없는 고풍스런 '금성' 텔레비전이었던 것이다. 그의 방에서 또 하나 눈길을 끈 것은 22년 된 구두였다. 하도 오래 신어서 일그러질 대로 일그러진 낡은 검은 구두 한 켤레.

그것이 대한민국 최고의 재벌이었던 정주영의 사생활이었다.

주변 인사들이 말하는 정주영의 '구두'에 얽힌 이야기를 들어보면 재벌이 된 이후에도 그가 얼마나 근검절약을 생활화했는지 잘 드러난다. 정주영은 원래 발이 크기 때문에 기성화를 신지 못하고 반드시 맞춰 신어야 했는데, 그 구두에 얼마나 애착을 가지고 있는지 너덜너덜해질 때까지 신곤 했다.

어느 날 대한올림픽위원회 K고문은 정주영과 함께 국제회의에 참석하기 위해 비행기를 탔는데 마침 나란히 앉게 되었다 정주영은 늘 잠이 모자라 차나 비행기를 탈 경우 자투리 시간에 잠을 청하는 버릇이 있었다. 그날도 비행기 좌석에 앉자마자 눈을 감고 곧 깊은 잠에 빠졌다.

그때 K고문은 우연히 정주영이 의자 밑에 벗어놓은 구두에 눈길이 멎었다.

"아니, 이럴 수가?"

K고문은 입을 딱 벌린 채 눈을 껌뻑거리지 않을 수 없었다. 정주영의 구두 양쪽 엄지발톱이 들어가는 위치에 각각 구멍이 나 있었던 것이다. 그 구두를 보고 직접 주인에게 물어볼 수는 없었지만 적어도 15년 이상은 신었을 것이라는 추측이 가능하였다.

실제로 그는 구두 한 켤레를 신으면 뒤축을 갈아 가면서 10년 이상 신었던 '왕 구두쇠'였던 것이다. 정주영의 그러한 습관은 그의 자식들에게까지도 물려져, 현대자동차의 정몽구 회장도 구두 한 켤레를 사면 10년이고 15년이고 떨어질 때까지 신는다. 그리고 그들이 신는 구두는 비싼 것이 아닌 2만 5,000원짜리이다. 정주영가의 특징 중에 하나는 구두를 닦아 신지 않는다는 것인데, 즉 여느 대기업에서처럼 구두닦이가 빌딩 내에 상주하면서 임직원의 구두를 매일 닦는 그러한 분위기가 현대그룹 내에는 없다. 현대의 계열사 어느 빌딩이고 간에 구두닦이는 찾아볼 수 없다고 한다.

또 하나의 에피소드를 보자. 어느 날 정주영이 코미디언 이주일이 운영하는 나이트클럽을 찾은 적이 있었다. 그는 누구나처럼 기본 메뉴를 시키고 잠시 가수들의 노래와 춤을 관람했다. 얼마 후 그는 이제 그만 가야겠다며 일어섰는데, 테이블에는 아직 마시지 않은 맥주가 2병이나 남아있었다.

카운터에 가서 그는 맥주가 2병이 남았으니 이것에 대한 값은 깎아 달라고 했다. 나이트클럽에서 '기본'은 으레 술값을 모두 내야하는 것이 관례인데도, 정주영은 먹지도 않은 술값을 낼 수 없다며

굳이 거슬러달라고 요구했다. 나이트클럽 측에서는 난감했지만 거
슬러 주지 않을 도리가 없었다.

감동 메모 -지금의 감동을 오래 간직해 보세요!

감동 메모 -지금의 감동을 오래 간직해 보세요!

감동 메모 -지금의 감동을 오래 간직해 보세요!

정주영 경영정신 10

"내 존재는 없어져도
내 사업은 계속될 테니"

내 사전에
'적당히'란 없다

적당히 살아도 된다고 생각하는 이에게

'적당히, 요만큼, 요정도'라는 말은 내게 있을 수 없다.
더 하려야 더 할 게 없을 때까지
모든 일에 최선을 다하는 정신,
그것이 내 인생을 엮어온 나의 기본이다.

거인의 마지막 나날들

때늦은 겨울눈이 내린 2001년 3월초, 정주영은 청운동 자택에서 위경련으로 누워 있다가 잠시 마당으로 나가 일흔 살이 넘은 집사와 얘기를 나누었다.

"너는 나이도 어린데, 왜 그렇게 머리가 하얗냐?"

정주영의 짓궂은 농담이었다.

"눈이 와서 온 세상이 저렇게 하얀데, 저라고 별 수 있겠습니까."

집사의 말에 정주영은 파안대소했다.

'저는 120살까지는 일을 할 겁니다.' 정주영은 작고하기 2년 전 독일의 시사주간지 《슈피겔》과의 인터뷰에서 그렇게 말했다. 평소에 자주 얘기했던 바대로 그는 120세까지 살면서 큰일을 하고 싶어했다. 그가 120세라고 꼭 집어서 얘기한 것을 보면 인간의 수명이 120세까지는 가능하다는 의사들의 얘기를 믿었던 것 같다. 그러면서 이렇게 덧붙였다.

"아직 은퇴하기에는 너무 젊다고 생각하거든요."

당시 만 84세였던 정주영은, 120살까지 남은 40년간 어떤 일을 할 생각이냐는 기자의 질문에, 북한과 제3국 건설시장에 진출하는 일, 선박해체 사업, 자동차 오디오 생산, 통신사업, 서해안공단 조성산업 등을 하겠다고 구체적으로 밝혔다. 그리고 마지막으로 통일을 위해 노력하겠으며, 통일이 되면 북녘의 고향땅에서 살고 싶다고 밝혔다. ≪슈피겔≫과의 인터뷰가 있은 지 1년여 후, 120세까지 살겠다는 정주영은 갑자기 건강이 나빠졌다.

그 전해 6월에 북한을 방문해서 김정일 국방위원장과 4시간 반동안 막걸리를 마시며 대담한 후, 그의 기운은 급속도로 떨어졌다. 여든이 넘은 노인에게 있어 4시간 반이나 됐던 술자리는 아무래도 힘이 부쳤을 것이다. 그 이후 정주영은 평소와는 달리 자주 피곤하다며 입원과 퇴원을 반복했다.

그러면서도 작고 두 달 전인 1월에는 백화점에 가서 빵을 사기도 했고, 현대백화점 사장과 복요리로 점심도 나눴다.

2001년 3월 21일 밤 10시 정각.

정주영이 눈을 감았다.

이날 오후 3시경부터 폐렴이 악화되면서 3층 중환자실로 옮겨졌고, 그는 곧 의식불명 상태에 빠졌다. 그로부터 한 시간 뒤인 오후 4시 경, 장남인 정몽구를 비롯한 정몽헌, 정몽준 등 가족들이 병실로 달려왔다. 정주영은 끝내 의식을 회복하지 못하고 가족들이 지켜보는 가운데 밤 10시 직전 숨을 거뒀다. 담당의사는 환자의 호흡이 멈춘 것을 확인하고 호흡기를 떼어냈다.

시골에서 뛰쳐나온 가출소년, 28개의 대기업을 거느렸던 총수, 구두 한 켤레를 22년간 신었던 기업가, 전국경제인연합회 회장, 전 세계 37대 부호, 5,000만 평의 땅을 간척한 의지의 기업인, 세계 제1의 조선소를 지은 사람, 한국 최대의 재벌인 정주영이 세상을 떠났다.

청운동 자택에 마련된 빈소에는 전두환, 노태우, 김영삼 등 전직 대통령을 비롯한 여야당 대표가 조문했고, 북한의 김정일 국방위원장도 직접 사람을 보내어 헌화했다. 재계에서는 이건희 삼성그룹 회장, 구자경 LG 명예회장, 조중훈 한진그룹 명예회장 등이 다녀갔다. 빈소에는 정몽구, 몽헌, 몽준 등 아들들과 수십 년간 정주영을 모시며 고락을 함께 해온 가신들이 줄곧 자리를 지키고 있었다.

정주영과 함께 평생 고락을 같이 해온 이들도 친자식 못지않게 가슴이 아팠다. 그들의 가슴 속에는 그간 어려움의 고비를 함께 넘었던 순간들이 영화 필름처럼 흘러가고 있었을 것이다.

TV에서 빈소를 보았던 많은 국민들도 보릿고개를 넘어 4,000만 국민에게 용기와 신념을 주었던 한 거인의 죽음에 눈물을 흘렸다. 특히 포탄이 날아오는 월남전과 영상 60도의 사막에서 목숨을 걸고 달러를 벌어오던 아버지 세대들은 아무 연고 없는 정주영의 죽음 앞에서 엄숙한 마음으로 명복을 빌었을 것이다.

정주영 명예회장의 시신을 실은 앰뷸런스는 3월 22일 오전 6시 35분경 풍납동의 서울아산병원을 출발하여 7시 5분경에 종로구 청운동 자택에 도착했다. 자택에는 현대그룹 계열사 사장단 50여 명이 새벽 5시부터 나와 명예회장의 관이 도착하기를 기다렸다. 박세용 당시 인천제철 회장은 정주영의 시신이 도착한 직후 2층 베란다에 올라 고인이 생전에 입었던 흰색 와이셔츠를 두 손으로 잡고 흔들며 "정주영 명예회장 복!"이라고 세 번 외치는 초혼례를 올렸다.

분향소를 찾은 유창순 전경련 고문은 "하늘이 우리나라를 불쌍히 여겨 정주영 회장을 주신 것이다. 그 뜻을 이루시고 돌아가셨다."라고 말했다. 박재규 통일부 장관은 "고인은 남북관계가 화해협력시대로 발전하는 데 큰 징검다리를 놓으신 분"이라며 금강산 관광은 잘 될 것이며 현대가 직접 풀어나갈 것이라고 말했다.

청운동 자택 2층 고인의 방에는 침대와 29인치 텔레비전 하나밖에 없었다, 장례식 준비로 방에 놓아 두었다가 1층으로 옮겨진 소파는 매우 낡고 헤어져 있어 평소 정주영의 검소함을 느끼게 했다, 연예인 이상룡 씨는 "목욕탕에서 광목으로 된 속옷을 입고 있는 정주영 회장의 모습을 자주 보곤 했다"고 고인을 기억했다.

어떤 직원은 청렴함을 평소 강조했던 고인의 한 마디를 기억하기도 했다.

"누구든지 다른 업체에 가서 설렁탕 한 그릇이라도 그냥 얻어먹는 사람은 가만 안 둘 거야!"

정주영이 타계하자, 장례를 치르기 위하여 현대 측에서는 그의 하남 장지에 봉분 공사를 시작했다. 하남의 선영에는 정주영이 평소에 쓰던 숙소가 있었는데, 그 숙소는 재래식 화장실과 아궁이가 있는 방이 두 칸 있었고, 접이식 문이 달린 아주 낡고 평범한 구옥이었다. 방 안에는 30년 전의 낡은 텔레비전 한 대와 헤질 대로 헤진 옷가지가 벽에 걸려 있었다. 죽기 전에 정주영은 이따금씩 그 낡은 구옥에 와서 잠을 자기도 했는데, 사업을 하다 마음이 흔들리거나 복잡할 때면 초심을 잃지 않기 위해 그 낡은 구옥을 찾아오곤 했었다.

정주영이 잠든 경기도 하남시 창우동 선영. 선산의 크기는 3,000평이지만 실제 묘역은 100평 남짓한 규모이다. 그곳에는 정주영의 양친인 정봉식과 한성실의 묘가 있다.

검단산 끝자락의 봄볕이 내리쬐는 가족묘지. 울창한 소나무 숲이 멀리 한강을 내려다보고 있다. 부친의 묘 앞에는 '하동정씨봉식지묘'라는 단촐한 비석이 있고, 그 곁에 모친 한성실의 묘 앞에는 '청주한씨지묘'라는 비석이 서 있다. 정주영의 묘는 선친의 묘 바로 아래 3미터 지점에 마련되었다.

정주영은 작고하기 직전 '더도 덜도 말고 아버지의 봉분 크기 그대로 하라'는 지침을 남겼다. 그는 평소에 아버지의 묘 3미터 아래에 지팡이를 꽂고 자신의 묘로 낙점했었다고 관계자들은 전언했다.

거인의 시대가 끝나고

정주영은 살아생전에 많은 업적을 남겼다.

우선 한국이 경제선진국으로 진입할 수 있는 토대를 마련한 것을 꼽을 수 있다. 정주영이 활약하던 시대의 한국 상황을 보면 6·25로 인한 피해복구가 우선이었다. 예컨대 대구~거창 간의 고령교, 한강인도교 공사 등이 거기에 해당한다. 또 우리나라가 1961년부터 경제개발5개년계획을 실시하면서 공업입국을 하게 되자 1962년 단양 시멘트공장을 만들기 시작했고, 70년대 이후 중화학공업으로 나아가자 현대자동차 공장을 만들었다. 이어 현대중공업 등의 기간산업을 일으켰고, 1980년 이후 한국이 첨단산업으로 진입하자 하이닉스반도체 등을 설립하여 전자산업에도 막대한 기여를 하였다.

정주영의 또 다른 공적은 한국인에 의한, 한국인을 위한 자주적인 산업발전의 모델을 만들었다는 것이다. 정주영은 사업 초기부터 모든 것을 독자적으로 시작하였으며 또한 한국식 경영, 더 정확하게 말하면 정주영식 경영을 만들어 국가 기간산업의 해외종속을 막았다, 현대자동차를 설립할 당시 미국의 포드자동차 측은 한국을 단순히 조립만 하는 조립 하청국가로 만들려고 하였으나 정주영은 그러한 제안을 단호히 뿌리치고 스스로 독자적인 길을 걸었다.

오늘날 세계최대의 선박제조회사인 현대중공업 또한 그러한 길을 걸었다. 설립 당시 현대중공업은 배를 만들 수 있는 기술이 전무하여 일본의 가와사키 조선으로부터 기술을 공여 받았다. 당시 가와사키 조선은 5만 톤 급 이하의 배만 만든다는 조건으로 한국에 기술공여를 허락하였으나 정주영은 5만 톤 급 이하의 제한조건에는 응할 수 없다고 하여 선박의 크기를 무제한으로까지 계약조건에 명시하였다.

이토록 그는 한국이 일본이나 미국 등 선진국의 하청공장으로 전락하는 것을 피하고자 하면서, 말하자면 자주적인 산업발전 모델을 스스로 만들어 행동에 옮긴 기업인이었다.

셋째로 한국 산업을 세계적인 수준으로 끌어올린 기업가였다. 예를 들어 1965년 정주영은 국내 최초로 해외건설공장에 참여한 기업가였다. 태국 나라티왓 고속도로 공사가 바로 그것이다. 1976년에는 20세기 최대의 공사라는 사우디아라비아의 주베일 산업항 공사를 따내어 한국 건설업의 세계화를 이끌어냈다. 또한 오늘날의 현대중공업이 세계 1위가 되고 현대자동차가 세계 5위의 글로

벌 기업이 될 수 있도록 기여한 것도 바로 그였으면 21세기 첨단 산업을 제패하기 위해 하이닉스반도체를 만든 것도 바로 그였다.

그는 한국 기간산업의 표준을 만든 기업가였다. 현대자동차, 현대아산, 현대건설, 현대중공업 등 한국을 대표하는 대기업들의 시방서나 설계기준 등을 따로 만들어 각기 해당산업의 스탠더드화를 추진하도록 하였다.

국가 경제의 대동맥인 경부고속도로를 세계 역사상 가장 빠른 시간인 290일 만에 완공하여 한국은 비로소 체계적인 물류망을 갖추게 되었고 그로 인해 경제발전의 초석을 닦게 되었다.

또한 정주영은 통일의 선구자로서 남북통일의 기반을 구축한 기업가이기도 했다. 1989년 한국인으로서는 최초로 북한을 방문하였고 1998년에는 501마리의 소 떼를 몰고 판문점을 통과함으로써 남북교류의 물꼬를 텄다. 김대중 대통령과 김정일 북한국방위원장과의 만남에 초석을 놓은 사람이 바로 그였던 것이다. 정주영으로 인해 남과 북의 두 정상은 비로소 한 테이블에 마주앉아 회담을 하게 되었다. 이어 1,000만 이산가족이 만날 수 있는 이산가족 상봉의 기회를 제공하였으며 남한사람이 금강산에 관광을 할 수 있도록 만들었고, 이어 북한의 개성에 최초로 공단을 만드는 데 주도적인 역할을 하였다. 말하자면 그는 남북교류를 할 수 있는 기반을 닦았으며 또한 그것을 정상궤도에 올려놓아 냉전 해소에 기여한 것이다.

국토 확장에 앞장선 것도 그의 괄목할 만한 업적이다. 한국은 1970년대 국가 최우선 정책목표로 식량의 자급자족을 추진했었다. 그는 식량을 자급자족할 수 있는 핵심은 땅을 넓히는 것으로 보았는데, 그 생각의 발현이 오늘날의 서산농장이다. 당시 사간간 척사업은 농어촌 진흥공사가 추진하다가 역부족으로 손을 들고 만 사업이었다. 그러한 것을 정주영이 이어받아 여의도의 33배에 달하는 3,123만 평의 땅을 만들어낸 것이다. 오늘날 서산농장은 국내 전체 농지면적의 1퍼센트를 차지하고 있으면 연간 국내 쌀 생산량의 0.4퍼센트에 달하는 쌀을 생산하고 있다.

88올림픽의 서울유치에 정주영의 힘이 들어있었다는 것을 기억하는 이는 별로 없다. 정주영은 올림픽을 유치하기 위하여 독일 바덴바덴으로 날아가 각종 아이디어와 인맥을 동원하여 결국 올림픽 유치를 성공시켰다.

1980년 착공해 1995년 완성된 서산농장

그 외에 기업의 이익을 사회에 환원하는 데도 앞장선 기업인으로, 1977년 설립된 아산재단은 의료서비스가 낙후되어 있는 지역에 의술을 보급하였으며 울산대학교 등을 설립하여 장차 이 나라를 이끌어 갈 젊은이를 육성해왔다.

정주영은 어쩌면 격동기의 한국 경제를 이끌어 온 주역들, 즉 우리 아버지 세대를 대표하는 사람이라고 평가하는 것이 가장 옳을 듯하다. 그들이 대체로 그러했던 것처럼 정주영 또한 강인한 추진력으로 60년대 이후 도약기의 한국경제를 이만한 발판 위에 올려놓을 수 있도록 앞장섰다는 것은 누구도 부인할 수 없다.

지금 한국은 국민소득이 2만8천 달러에 불과하다. 우리가 강대국으로 가기 위해서는 적어도 3만 달러의 고지는 넘어야 한다. 점차로 나아지고 있긴 하지만, 한국은 전 세계에서 경제인을 가장 질시하는 국가 중의 하나다. 일본이나 미국에 비하면 분명 그러하다. 선진국으로 갈수록 경제인들이 많은 존경을 받는다는 얘기도 있다. 21세기 한국이 발전하려면 경제인들이 세계무대에 나아가서 마음껏 뛸 수 있도록 정치적, 제도적인 뒷받침이 분명 따라야 할 것이다. 정부는 이 점에 대해 좀 더 과감한 규제철폐와 개선이 있어야 한다.

정주영의 '할 수 있다'는 도전 정신. 이것은 우리 경제사의 귀중한 자산이다.

이제 거인의 시대는 끝났지만, 그가 남긴 정신적 유산은 좀 더 연구하고 발전시켜 미래를 개척하는 초석으로 삼아야 하겠다.

정주영 행동철학 17계명

1. 적당히 해도 된다고 생각해? 내 사전에 '적당히'란 없다.

2. 포기하지 말아라! '시련'은 있어도 '실패'란 없다.

3. 날마다 공부 또 공부해라! 책은 언제나 위대한 스승이다.

4. 생각만 하면 뭘 해. '움직여라!' 그것도 아주 부지런히!

5. 자세가 실력이다! 일의 성패는 그 사람의 자세에 달렸다.

6. 길을 모르면 길을 찾고 길이 없으면 길을 닦아라!

7. 주저하지 마라! 확신 90%와 자신감 10%로 밀고 나가라!

8. 작은 일도 성실히! 작은 일에 성실한 사람이 큰일에도 성실하다.

9. 고정관념이 멍청이를 만든다. 날마다 새롭게 생각하라!

10. 진정한 휴식? 서늘한 그늘의 행복은 열심히 일한 자만 안다.

11. 근면의 힘! 열심히 일하는 사람에게 '나쁜 운'이란 없다!

12. 긍정의 힘! 운이 좋다고 생각하니깐 운이 좋아지는 것이다.

13. 무슨 일이든 할 수 있다고 생각하는 사람이 결국 해낸다!

14. 내가 한다. 내 자신이 책임을 지는 정신으로 일하라.

15. 부지런히 일하면서 저축해라! 부의 근원은 근검이다.

16. 땀 흘려라! 나는 부유한 노동자일 뿐 자본가라 생각하지 않는다.

17. 자신의 이름을 걸고 일해라! 그 누구에게도 책임 전가를 하지 마라.

감동 메모 -지금의 감동을 오래 간직해 보세요!

감동 메모 -지금의 감동을 오래 간직해 보세요!